RESHAPING BUSINESS
INNOVATIVE ORGANIZATION SYSTEM
IN THE 5G ERA

重塑商业

5G时代创新组织系统

叶荣祖　尹　艳/著

中华工商联合出版社

图书在版编目（CIP）数据

重塑商业：5G时代创新组织系统/叶荣祖，尹艳著
. -- 北京：中华工商联合出版社，2021.8（2024.2重印）
ISBN 978-7-5158-3040-7

Ⅰ.①重… Ⅱ.①叶…②尹… Ⅲ.①商业模式-研
究 Ⅳ.① F71

中国版本图书馆 CIP 数据核字 (2021) 第 121788 号

重塑商业：5G 时代创新组织系统

作　者：	叶荣祖　尹　艳
出 品 人：	李　梁
责任编辑：	于建廷　效慧辉
装帧设计：	周　源
责任审读：	傅德华
责任印制：	迈致红
出版发行：	中华工商联合出版社有限责任公司
印　刷：	三河市同力彩印有限公司
版　次：	2021 年 8 月第 1 版
印　次：	2024 年 2 月第 2 次印刷
开　本：	710mm×1000mm　1/16
字　数：	160 千字
印　张：	13.5
书　号：	ISBN 978-7-5158-3040-7
定　价：	69.00 元

服务热线：010-58301130-0（前台）
销售热线：010-58301132（发行部）
　　　　　010-58302977（网络部）
　　　　　010-58302837（馆配部、新媒体部）
　　　　　010-58302813（团购部）
地址邮编：北京市西城区西环广场 A 座
　　　　　19—20 层，100044
http://www.chgslcbs.cn
投稿热线：010-58302907（总编室）
投稿邮箱：1621239583@qq.com

每个企业都需要重塑一次

2020 年至 2021 年，全球经济产出累积损失高达 8.5 万亿美元，这几乎是过去四年的全部增长。全球经济遭受重创，企业面临越来越难做的生意。但是，尽管当前国际形势变化复杂，我国的经济与消费在 2020 年经历了短暂的低谷后迅速反弹，展现出强大的生命力。

从市场环境与经济形势来看，5G 时代的到来，数字经济正在成为拉动中国经济增长的新引擎。未来，通过数字化转型升级的商业模式将是企业提升核心竞争力的关键。在"双循环"的新发展格局下，我国消费将进一步增长，消费潜力巨大，企业将迎来新的挑战与机遇。

从消费角度来看，多元化的消费场景让消费者变得更加趋向于即兴消费，消费者对产品与企业提出了更高的要求。企业要想谋求进一步发展，就必须重塑商业模式，由内向外对企业格局进行全新谋划与打造。

中国的经济发展进入了新阶段，5G 商用加速时代发展，企业发展问题不断得到国家重视，这是企业探索商业机遇的好时机。如今，市场格局深入调整，资源跨界融合，新兴渠道不断壮大，以及新商业模式不断涌现，这是企业在全新经济形势下突围的绝佳机遇。

"反垄断""中美贸易摩擦""双循环""内卷"……一系列经济热词成为当代企业关注的重点，而这些热词的背后往往意味着商海巨变。当今企业的竞争，已不再是简单的排列组合，企业只有重塑商业，洞察商业发展趋势，站高一线，重新想象，重塑企业战略与顶层设计，才能在"内卷"的浪潮下脱离危机，勇立潮头。

到底什么是重塑商业？企业为什么要重塑商业？简单来说，就是企业通过有效的途径推动企业向前发展。基于此，重塑商业关乎企业命脉，不仅是传统企业改革的突破口，也是企业面临转型升级时的有效战略。

每个企业都需要重塑一次，本书通过重塑战略、重塑价值、重塑产品、重塑人才、重塑用户、重塑管理、重塑招商与重塑利润八大板块，为企业解密重塑商业的根本逻辑，打造5G时代创新组织系统，让企业在高手如云的商界脱颖而出，把握时代脉搏，赢得时代商机。

由此，本书将开启企业家的重塑之门。

目录
CONTENTS

第一章

重塑战略：站高一线，重新想象

这是充满不确定性的时代，一次的选择甚至决定最终的成败。

这是无数场复杂环境下的猛烈厮杀，见血的不是你，封喉的也不是他，下一刻是生存还是毁灭，谁知道？

5G时代呼啸而来，"融合"与"打破"成为业界常态，行业界限逐渐模糊，商业正处于全新的发展起点。过去的组织系统运营模式和与之伴生的规则体系逐渐失效，企业的方向在哪里？以万物互联为企业发展蓝图底色，加速观念体系的构建与重塑，才能穿越迷雾，抓住前行的光。而重塑战略，就是站在更高的山顶，擘画企业的发展蓝图，这是时代发展的必然。

一 重塑企业愿景

当前，我国发展环境正在面临深刻而复杂的变化。2020年10月，党的十九届五中全会作出了"当前和今后一个时期，我国发展仍然处于重要战略机遇期，但机遇和挑战都有新的发展变化"的重大战略判断。同时指出，"十四五"时期我国将开启全面建设社会主义现代化国家新征程。国家发展战略的变化是企业新一轮战略变革的重要风向标。

迈入新发展阶段，企业要准确把握政策导向，紧跟时代变化，谋划发展新规划，构建发展新蓝图，以此来实现企业的快速转型与质的飞跃。

企业愿景作为企业战略管理的关键一环，指明了企业的发展前景和方向。于企业而言，最重要的不在于当下发展得如何，而在于未来去向何方。因此，重塑一个清晰有力的愿景对企业实现战略目标、谋求长远发展至关重要。

✧ 国家战略竞逐，谁能改写企运?

2021 年 3 月 11 日，十三届全国人大四次会议表决通过了关于《国民经济和社会发展第十四个五年规划和 2035 年远景目标纲要》的决议。纲要指出，要"坚持创新驱动发展，全面塑造发展新优势"；要"加快数字化发展，建设数字中国"。

"十四五"开局，科技创新被提升到战略核心地位，基于 5G 的应用场景和产业生态正在加速构建。新形势下，企业命运何去何从?

当下，企业面临的最大危机，已不是一时盈利能力的强弱，而是能否准确把握未来的发展方向。

企业愿景定义了企业长期奋斗的目标和方向，对企业发展具有重要的引领作用。那么何谓企业愿景? 具体来说，企业愿景主要包括以下两部分。

一是核心信仰。企业愿景体现了企业家的立场和信仰，是企业家头脑中的一种概念，是对企业要去向何处、要发展成为怎样的企业、发展目标是什么的持久性回答和承诺。

二是未来前景。作为企业发展的终极目标，企业愿景是企业的长期愿望及未来状况，是组织发展的蓝图，体现组织永恒的追求，是企业的发展方向及战略定位的体现，并通过聚焦企业管理，快速提升企业家自身领导力及管理能力，以实现推动企业不断成长的目的。

一家伟大的公司必然是由伟大的愿景指引的，或使整个人类社会受益，或为社会创造更多福祉，或实现企业的繁荣发展，或实现客户的价值诉求……

腾讯的愿景：用户为本，科技向善。

华为的愿景：构建万物互联的智能世界。

IBM 的愿景：点亮"智慧地球"。

通用电器的愿景：使世界更光明。

苹果公司的愿景：让每人拥有一台计算机。

……

未来，要想创造一家伟大的公司，必须要有清晰的企业愿景，只有这样才能激励企业奋勇向前，奋发向上。因此，我们要根据社会和经济的发展要求，根据市场形势的变化，学会重塑适合自己企业的愿景。

以国家发展战略为导向，重塑企业愿景，进一步明确企业未来将去向何处，是企业未来每一步都走得更扎实、更有力量、更有价值的必由之路。

在国家创新驱动发展战略的引领下，华为和腾讯前不久均进行了企业愿景变革，并以新愿景引领企业迈入了高质量发展的新征程。

过去，华为以"丰富人们的沟通和生活"的企业愿景指导公司的发展。2017 年年底，在华为成立 30 周年之际，其将企业愿景升级为"构建万物互联的智能世界"。此次愿景的重新塑造，表明华为将致力于带领人们进入一个全新的数字时代和智能社会，也展现了华为对国家发展战略和时代发展趋势的精准把握和敏锐洞察。

2018 年 9 月 30 日，随着互联网产业的迭代升级，腾讯也迅速展开了新一轮的战略升级，并提出"扎根消费互联网，拥抱产业互联网"的发展理念。此次战略升级体现了腾讯对国家发展战略和产业发展大势的前瞻性思考。与此同时，腾讯的第三次愿景变革也随着此次战略变革而进行。

2019 年 11 月 11 日，在公司成立 21 周年之际，腾讯 CEO 马化腾向全体员工宣布了企业新愿景——"用户为本，科技向善"。在新愿景的引领下，腾讯深耕互联网，进一步加大科技创新力度，顺势完成了公司的转型升级。

腾讯的新愿景表明了腾讯的价值选择和责任担当，为腾讯指明了新的发展方向。用户为本，即始终以用户为中心，为用户创造更多价值，为社会创造更多福祉；科技向善，即提高科技创新能力，助推行业转型升级，为社会发展提供原动力。当今时代，科技发展十分迅猛，正在以其巨大的颠覆力重塑人类社会，善用科技为人类社会创造出更大的价值，这是身为大型互联网公司的腾讯必须承担的责任。

正如华为和腾讯的愿景重塑，国家发展战略变革和产业发展大势决定了企业必须重塑企业愿景。进一步明确未来新发展方向，才能不被时代抛弃。

另外，当前世界经济形势一直存在较大的复杂性和不稳定性，波谲云诡的市场环境给企业发展带来了巨大的挑战。企业怎样才能在充满不确定性的环境中谋求稳定发展？重塑企业愿景是关乎企业未来成功的关键因素之一。

管理大师彼得·德鲁克曾说："动荡时代最大的危险不是动荡本身，而是延续过去的逻辑。"时代变革进程在加速推进，当过去的愿景目标已经不足以应对未来的挑战，企业继续沿用必然将被淘汰。时刻保持对时代的敏感度，不断变革重塑企业愿景，是企业在不确定时代的"反脆弱"之道。

此外，企业愿景作为一个企业的梦想和一种内在的追求，是能够通过企业变革及进步来实现的东西。这也决定了企业必须根据自身发展情况重塑企业愿景，否则企业发展将止步不前。企业愿景就如企业即将要攀登的山峰，当企业努力到达一座山峰的顶点后，还需要继续向下一座山峰前进。对于已经实现过去愿景目标的企业而言，重塑企业愿景是企业确立发展新方位、踏上发展新征程、奋进发展新目标的新起点。

企业愿景不能一成不变，而要重塑、再重塑！在不同的发展阶段，企业需要根据政策、环境和自身发展情况等因素的变化来适时调整自己的企业愿景。当新愿景确定后，企业的新发展方向自然就能更加清晰地呈现出来。一个清晰且有力的新愿景具有强大的感召力和凝聚力，能够统一员工的思想和行动，助推企业从优秀走向卓越。

✧ 重塑企业愿景，创造伟大公司

在快速更迭的时代，变是唯一不变的法则。在社会发展如此之快下生存，企业不可避免地会遇到新形势、新机遇、新挑战。企业根据时代的变化重塑企业愿景，才能获得持续的发展力量，迎来光明的发展前景。

明确了重塑愿景的必要性后，更进一步的问题是企业应该如何重塑愿景，进而创造伟大公司？重塑企业愿景需要以三大基石为支撑，即大胆的目标、生动的描述和高度的责任感。

初级基石：大胆的目标。

高瞻远瞩的公司往往有着 10~30 年将要实现的宏大愿景目标。大胆的目标虽然超出了当下企业的发展水平和员工的工作能力，但是它真实可见，能够提振精神、鼓舞士气，激励员工不断超越自我。大胆的目标是企业发展的原点，有了明确的起点和目标，管理者和员工在愿景的指引下付出卓绝的努力，才能实现企业战略目标。

中级基石：生动的描述。

在制定大胆的目标的基础上，企业还应该对实现目标后的图景进行生动的描述，如可以把一个抽象的愿景用一些文字来进行阐述，或把愿景从文字转化为图像，创造出一幅能够被员工牢记于心的图景，使抽象的愿景具象化。如此一来，10~30 年的宏大愿景目标就能够在员工的心中变得清晰可见。

高级基石：高度的责任感。

所谓企业愿景，并不是简单的"自己想成为怎样的企业"，而是要考虑"企业能为社会创造什么样的价值"。因此，在重塑愿景时，企业管理者要树立社会责任意识，并将其融入企业愿景中，使企业愿景体现"服务精神"，形成大众认可的价值主张，以责任换信任，从而构筑坚不可摧的发展力量。

大胆的目标、生动的描述和高度的责任感是企业重塑愿景的三大基石，三者统一起来即为一个清晰有力的新愿景。

此外，企业在重塑愿景时还需遵循"上中下三路法"，以使企业愿景更具竞争力、感召力和凝聚力。

上路：综合分析法。

重塑愿景要与市场经济发展相适应。企业愿景反映的是企业阶段性的目标与追求，如十年、二十年，甚至更长时期。在一定时期内，企业愿景是相对稳定、不易改变的，但并非不能改变。在重塑愿景时，企业要综合考虑宏观经济环境的变化，以及行业的发展趋势和前景，制定出与市场经济发展相适应的长期愿景目标。

中路：战略结合法。

重塑愿景要与企业使命、企业战略相结合。企业愿景并非空中楼阁，需要与企业使命、战略相互依托。愿景与使命存在一定的互通性，始终保有强烈的使命感是实现伟大愿景的前提和基础，因此在重塑愿景时要保证两者的统一性。企业战略是企业实现愿景时所运用的具体的手段和方法，是一种具象化的目标。企业战略的选择要以企业愿景为依据，企业愿景的重塑也要以企业战略为基础，以保证战略方向的正确性和愿景目标的科学性。

下路：互动提炼法。

重塑愿景要让全员参与探讨。要实现美好的愿景目标，不能只依托企业管理者，还需要凝聚全体员工的智慧和力量。因此，在重塑企业愿景时决不能由某个人拍脑决定，而是要让全体员工参与，如可以开展几次"头脑风暴"讨论会，让大家对企业未来发展集体出谋划策，然后再将集体智慧进行提炼总结，如此才能促使员工将自己设定的目标转化为自觉行为。

使命感召人，愿景激励人。一个好的愿景能够激发员工的兴奋感，从而使其更主动、愿意投入更多时间去完成自己的工作；一个清晰有力的愿景，必然具有强大的凝聚力和驱动力，鼓舞和激励大家为实现企业新愿景而团结协作、共同奋斗。

二　重塑企业使命

时代的变化快到让人难以想象，每天都有新鲜的事物在眼前出现。对于企业来说，周围的一切都在变化，即发展环境在变化、竞争对手在变化、目标客户也在变化，而这些变化同时也在不动声色地改变着企业自身的发展。

在变幻莫测的市场发展形势下，企业使命很容易就无法跟上发展的步伐，显现出一定的滞后性。严格来说，当企业的内部条件或者外部条件发生关键变化时，其使命也会被企业的领导者依据新的变量做出相应调整。

◇ 昭告世界，一份伟大事业的热切追求

对于"有野心"的企业而言，除了企业愿景，企业使命应该是其制定企业战略之前需要思考的关键问题。常常有人疑惑，企业使命到底是什么？如果要用一个词语来回答，大概"任务"这个词的分量就足够了。对于企业来说，"最终要完成什么事情"就是它的任务内容，也反映了其为什

么而存在。例如，一些大众熟知的企业使命宣言：

迪斯尼公司——使人们过得快活

沃尔玛——帮顾客节省每一分钱

通用电器——以科技及创新改善生活品质

IBM——无论是一小步，还是一大步，都要带动人类的进步

……

企业的生存离不开盈利，盈利方式的不同也代表其生存的方式各异。不管是为顾客提供产品或者服务，还是承担对员工或者对社会的责任，都是自身存在的意义和不断发展的方向。

不过，对于企业使命，却有很多人抱持废弃的观点。在他们的眼中，企业使命如同梦想一样，比较虚幻，不切实际。然而企业使命真的无用吗？其实不然。

使命意味着一份伟大的事业，不仅是企业生存的理由，也是企业发展的利器。作为企业的根基，企业使命是可以支撑企业其他事务存在的基础，是决定企业长远发展的关键因素，更是唤起员工使命感、激发员工奋斗的力量之源。著名的英国杂志《商业周刊》也曾专门对"企业使命"做过调研，并肯定其对公司发展的作用。

在人们的日常生活中，许多知名企业的使命宣言也同样广为人知。譬如，提到滴滴，很难不让人想起那句"让出行更美好"；"帮大家吃得更好，生活更好"为美团吸引了更多外卖点餐时摇摆不定的人；"网聚人的力量，以科技创新缔造美好生活"让网易在游戏、音乐、阅读等领域都占据了重要地位……这些企业都用自身的实践证明了"使命"的价值。

另外，千万不要陷入思维泥潭。有人认为，"使命"这个词太过虚无，不如"利润"那么实际；有人认为"使命"是大企业的专属，中小企业并

不需要；还有人认为，"使命"太高深，企业本身很难操作。其实，这些都是关于"使命"的误区。

第一，使命推动企业前行，可以解决其长期价值创造以及内部的动力、共识与初心等实际问题。第二，企业使命的作用对象并不设门槛，相对于大企业，中小企业其实更需要企业使命吸引、留住企业人员。第三，企业使命其实并不高深，也有基本的方法步骤，关键是要基于企业自身情况提炼适合发展的独特使命。

企业使命就像一根绳子，一头系着现在，一头系着未来。企业拥有这根绳子，即使处于再大的风浪，也能避免脱离航线，躲开与其他船只碰撞的危险。

◇ 破局而出，锁定使命重塑

企业使命是企业存在的原因或者理由，是企业生产经营的形象定位和直观描述，是企业制定战略的先决条件，体现了企业发展过程中的需求、能力与自信。其实，很多发展明显存在问题的企业不是没有使命，而是企业使命可能不足以在新的环境中支撑企业更好地走下去。

当今世界，形势多变，市场竞争分外激烈，企业要想达到一个新的高度，破局而出，就要重塑企业使命，抢占发展攻势，从而拔得头筹。

2021 年 3 月 30 日，一场盛大的主题年会在美丽的昆明隆重举行。在云南白药的总部，领导与员工欢聚一堂，总结过去的荣耀，表达对未来的期待。会上，云南白药还公布了全新的企业文化，其中"守护生命与健康"的使命令人不禁眼前一亮。走过百余年的医药企业，在面对不确定的发展环境时也选择将目光放到企业使命上，以归零的心态思考未来。

重塑企业使命，实际上并不算是一个新鲜的事情，不管在国内还是国外，都已经有了很多尝试，有的企业也已经获得良好的反馈。

在很长一段时间，微软都在认真执行"让每个家庭都有一台电脑"的使命，然而微软的效益却并未有所起色。直到 2015 年，微软 CEO 萨蒂亚·纳德拉当机立断，决定修改使命，于是"赋能地球上的每个人和每个组织，帮助他们取得更多成就"应运而生。这一新使命为企业树立了新的目标，也抓住了"技术全民化"的发展方向。对此，很多人不太理解，他们认为纳德拉根本就不用针对微软进行这样颠覆性的革新，万一费力不讨好，岂不是会被看笑话，而且坚持微软上一任 CEO 鲍尔默制定好的战略，就可以实现微软的成功转型。

然而事实上，正是纳德拉对企业使命的重塑，让微软踏上了"移动为先，云为先"的转型之路。更神奇的是，就在纳德拉上任的 3 年时间后，微软的市值重新达到其鼎盛时期的 5000 亿美元。

由此看来，一个符合当下发展的具有先进性的使命为企业带来的就是实实在在的收益，也是企业使命的价值体现。

作为中国搜索引擎市场的领先者，百度从 2000 年创立到 2017 年始终把"让人们最平等便捷地获取信息找到所求"当作自身的使命。尽管遭遇过无数次的舆论风波，百度依旧在奋力前行，面对新的发展环境，终于也作出了更改企业使命的决定。

2017 年 5 月 4 日，百度 CEO 李彦宏在内部演讲时宣布，"用科技让复杂的世界更简单"成为百度新的使命，他把这个新使命当作礼物送给即将"成年"的百度，也表达了他将百度转型为人工智能公司的决心。科技生活的每一天都是不一样的，世界的复杂属性却没有改变，百度着眼科技，抓住人工智能的发展空间，寻求最优结果。

除了微软、百度，还有大众熟知的华为、爱奇艺、腾讯等均更新过自己的使命，这也从侧面印证了企业使命在企业发展中处于重要地位。

总之，大企业也好，小企业也罢，竞争节奏的加速会逐渐减弱原来使命的作用力度，重塑企业使命显然已经成为必然。

◇ 即时行动，为发展动力加码

其实，重塑企业使命在更多时候意味着一定程度上的企业转型。毕竟，企业使命影响的不只是现在，更是未来的十年、二十年，甚至上百年。当重塑企业使命有所偏差时，就可能造成企业的战略没有重点，从而影响业务与人心。那么，想要重塑企业使命，到底该如何做呢？

其一，企业领导者需要看过去、想未来，才能定方向。

看过去，即以客观态度审视业务、市场、制度等所有企业的元素，置身事外，自然清心明目。肯定自身优点，也欣然面对缺点，最好统一记录下来，形成文字，方便查看。

想未来，即从结果出发，以企业愿景为依据推导企业使命。人类的美好之处，也在于幻想。幻想并非妄想，它和梦想的区别就在于理性与否。合理化幻想，也是努力实践的开始。

定方向，即集合智慧解决存在争议的关键问题，从而找到企业发展的最好通途。这个过程应该是多人的、多次的、多角度的，不要局限于一人，避免主观。

其二，企业领导者需要重识要素，才能让定位达到新的高度。

众所周知，企业使命的定位包括生存目的、经营哲学和企业形象。无论如何，要进行企业使命定位，就离不开这三点，但是对于每个要素理解的程度在很大程度上决定了企业使命定位的高度。

生存目的定位，意指一家企业必须找到自身存在的原因，且这个原因必须是有意义、有价值的。简言之，作为一家企业，就必须知道自身能带给这个世界什么。比如，格力致力于"让世界爱上中国造"，力求"不断满足全球消费者对美好生活的向往"。

经营哲学定位，意指企业为其经营活动确定的思想、原则，这是一种抽象的存在，包括怎样认识企业的事业，也包括对于市场、顾客、员工的看法等。比如，著名的京瓷哲学就是稻盛和夫在京瓷集团的奋斗实践中总结出来的，"敬天爱人"作为其中的重要思想为许多企业家所推崇。

企业形象定位，意指企业为自身树立的形象，例如负责任、环保健康、技术领先等。在形象的指导下，企业的活动也会向符合形象的方向靠拢。比如，小罐茶的匠心制茶、高雅社交的高端形象，也在其经营活动、品牌推广中得以呈现。

其三，企业领导者需要具备洞察大势的能力与顺势而为的勇气。

潮流大势就是一场不可阻挡的前进之风，没有任何人可以凭借一己之力将它拦腰斩断，明智之士随风摇摆，而大智之人则在此之前就预先想好了舞动的姿势。洞察大势，以合适的使命推进企业，才能省力快进，跃至新的山巅。虽然逆风而行显得很有毅力，但是顺势而为更需要勇气，在自己的跑道上，成功应由自己定义。

三　重塑企业价值观

2020 年 11 月 26 日，羊城创意园灯光闪烁。这是一场关于企业价值观的升级大会，参与其中的是一群为声音奋斗不停的挑战者。已经走过七年的荔枝，将其价值观升级为"用户第一、创业精神、好学上进、追求卓越、互信互助"，成功为自己"加油"。

与过去的"用户第一、目标一致、学习分享、关爱他人"的企业价值观相比，如今荔枝的企业价值观明显更准确、更丰富、更新鲜、更有力量。每一位企业员工在面对未知、承受压力、怀揣梦想，甚至是在处理每一个需要解决的难题之时，都需要汲取价值观的力量。

价值观是企业至关重要的存在。当前，生存之压重重地压在企业的领导者身上，价值观相对而言似乎变得没有那么重要，但往往越是在外部的巨大震动之下，越是重塑企业价值观、提高内部凝聚力的绝佳时机。

✧ 价值观！价值观！价值观！

价值观是一种认知、一种理解、一种判断或者一种抉择，基于人的思维感官之上。人依靠价值观认定事物以及辩定是非。

抽象的语言或许不易理解，朴素来讲大概也就是一个问题的答案。什么样的东西值得用一辈子坚守？这不仅是每个人需要认真思考的问题，更是每家企业需要研究解决的难题。

每家企业的价值观都不一样：

联想——成就客户、创业创新、精准求实、诚信正直

京东——客户为先、诚信、协作感恩、拼搏、担当

顺丰——成就客户、创新包容、平等尊重、开放共赢

字节跳动——追求极致、务实敢为、开放谦逊、坦诚清晰、始终创业、多元兼容

……

从这些知名企业的价值观中可以看到，虽然是不同的表述、不同的角度，但都包含着客户、员工、产品、精神等元素。

从定义上看，企业价值观是企业和员工的价值取向，是企业在经营发展过程中的基本信念和奉行的目标，是对企业性质、目标、经营方式的价值取向做出的并被全体员工所认可的一种回应。

作为做事为人的准绳，企业价值观还代表着"何事可为而何事不可为"。在这一点上，企业的 CEO 更需要躬体力行。

松下集团创始人松下幸之助被冠以"经营之神"的美誉。关于他，也曾有过一句名言广为传颂，即"如果你犯了一个诚实的错误，公司可以宽恕你，并把它作为一笔学费。但如果你背离公司的精神价值，就会受到严

厉的批评直至被解雇。"

宽容与严厉之间，关键看员工的选择。这样的方式，其实是极具智慧与水平的，足以令员工信服。因此，松下集团的员工凝聚力是很强的，应该也很容易想象他们工作时的激昂状态了。

在国内，一提到企业价值观，大家应该都知道海尔创始人张瑞敏砸冰箱的事件。1985 年，张瑞敏在陪朋友挑选海尔冰箱的过程中发现冰箱存在各种各样的缺陷，带头与员工一起砸掉了 76 台存在问题的冰箱，敲响了海尔人的质量警钟。的确，这是海尔十分有名的一个故事，虽然被讲述的次数确实很多，但也特别能彰显海尔的价值观。

观察海尔的发展历程就会发现，不管是当初的"质量第一"还是如今的"人单合一"，始终注重用户感受，始终关注员工成长，这就是好的企业价值观，也是海尔依旧辉煌的重要动力。当然，这都离不开海尔 CEO 的英明决策、以身作则。

由松下集团和海尔集团的案例可以看到，企业价值观的力量是非常强大的，是可以非常贴合实际的。如果企业领导者能在日常经营活动中将企业的价值观做到实处，就可以更好地发挥其驱动员工的激励作用。

◇ 迭代更新，价值观为企业赋能

商业世界中，企业总是着眼顶层设计，锚定自身最重要的目标，展望最潮流的发展方向。主动出击，适应新形势的残酷竞争，睿智的企业领导者会从价值观着手提升整体的使命感与幸福感。

价值观是指路明灯，指引企业的发展，也决定了企业的发展前景。不过，在企业发展壮大的过程中，会出现一个很重要的问题就是价值观被稀释。当企业人数变多，不同阅历、不同背景的人自然会带来不同的观念与习惯，继而打破原来的企业平衡。在这种情况下，当下的企业价值观就很难统领企业员工，也会进一步影响企业的产品、形象等。另外，在商业竞争中，新的阶段任务也会对企业价值观的作用提出更高的要求。

不管是面对价值观被稀释的困局，还是面临未来发展的挑战，企业必须拥有自我迭代的意识，具备自我革新的勇气，坚持以价值观为依托，思考价值观的升级重塑。

苹果公司 CEO 乔布斯去世后，新上任的库克面对各方关注，背负重重压力，开启了他的苹果时代。于是，六条广为人知的企业价值观悄然出现，包含无障碍使用、教育、环境责任、供应商责任等内容。事实证明，失去乔布斯的苹果公司继续走在无畏的创新之路上。库克在新的时代环境中为苹果注入新的理念，以适应更智能、更具变化的生活。

危机之时，新的价值观可以为企业带来新的转机；发展之际，新的价值观也可以为企业增强未来发展的信心。

2020 年 6 月 28 日，在网易成立 23 周年之际，网易为自己的企业价值观注入了新的血液，最终形成了包含"为热爱全心投入""和用户在一起""从 0 到 1 是创新，从 1 到 1.1 也是"在内的企业价值观。对于 CEO 丁磊来说，企业价值观是极其重要的，与企业使命、愿景不同的是，企业价值观可以更好地支撑网易前行至遥远又充满希望的未来。

在网易的升级版价值观中，丁磊把热爱放在第一位，永远相信热爱的力量，不管做什么事情，最重要的就是要热爱。员工热爱网易，才会做好每一天的工作，网易才会变得更好。作为第二个价值观，丁磊也十分看重用户，用户是网易最大的无形资产，网易也永远不会放弃探索用户的需求。还有一个价值观是创新，互联网是创新的产物，创新是互联网持续发展的动力。丁磊鼓励员工创新，在网易，不管是大的创新还是小的改进，都是有价值的创新。

从网易的价值观升级中，可以看到，丁磊对价值观的理解与把握是很准确的，他在结合网易发展历程与未来发展方向中分析出目前网易最需要的行动准则，能更好地促进员工发挥主观能动性。那么，这里有一个问题就需要考虑，即如何重塑企业价值观？

首先，在重塑企业价值观时要确保"四个足够"，即"足够清晰、足够易记、足够独特、足够有意义"。"足够清晰"指的是在阐述上要有明确的要点或者解释，这有利于后续的执行应用；"足够易记"强调不要使用生僻、拗口、复杂的词句；"足够独特"注重要反映企业自身独特的文化；"足够有意义"是说企业的价值观需要能让企业领导和员工产生认同感。

其次，重塑企业价值观是一个逐步推进的过程。在整个过程中，要坚持到底，不要唯利是图，更不要反复无常，才能使企业最终形成不断向前、锐意进取的长久动力。

最后，相对于企业战略、企业愿景、企业使命来说，企业价值观更像是高楼建筑的基础底面，一旦它有所偏失，失去了正确性，企业战略、企业愿景、企业使命就有可能跟着偏离正确的方向，而这座高楼自然也就倾斜甚至倒塌。因此，在重塑的过程中，企业必须要始终保持对价值观的正确认识，重视其存在。

四　重塑企业战略

企业战略是企业深入分析自身条件与外部环境之后，从行业全局和企业长远生存发展角度出发制定的一系列谋划。企业战略是对企业各种战略的统称，是企业发展的理论支撑，是企业发展的蓝图，是以解决长远发展问题为出发点形成的指导自身发展方向、路径的重大规划、策略理论体系。通俗地说，企业战略就是要集中思考三个核心问题：去哪儿挣钱？怎么挣钱？用什么来挣钱？

✧ 重新认识战略观念——你是否真的懂战略

什么是战略？简单来说就是做正确的事。企业在商场中存活发展，最重的就是要在关键时刻做正确的事。可以说，企业战略就是当下企业运营与长期生存发展的纲领。企业没有制定清晰的战略，如同失去仪盘的轮船，只能随波逐流，最终面临倾覆的命运。

企业为什么需要战略？

企业战略为企业指明方向。21 世纪的经济发展在以十年为单位的风口迭代中前行，在经过实体经济、互联网电商经济、直播与视频经济的轮替后，需要企业在下一个机会风口到来之前，以企业战略的形式进行筹谋布局。

企业战略提高企业预见力。企业发展如逆水行舟，没有企业战略引导航程方向，企业难免驶入急功近利、贪图短期利益的暗礁群中。而制定好的企业战略，才会最大程度地减少弯道航程，避免企业因短期获利行为损害长远发展根基。

企业战略提高企业经营管理效能。企业管理人员为了战略目标的实现，在分析内外部环境的基础上，将不断对组织进行管理实施、过程控制与评价修正的动态管理，以达到管理效能的提升。

好的企业战略是必要的，那么怎样的战略才能称之为"好的战略"？"好的战略"需要具备以下几个特点：

宏观性：从全局出发，使目标和相关行动符合全局发展规律；

长期性：着眼未来，在较长的时间和周期跨度中谋划组织的长远发展和利益；

统领性：具备概括性与指导性，是组织的方向性行动纲领；

客观性：建立在对自身与外界的客观分析评估基础上，具有可落地的实际性；

竞争性：具备使组织超越竞争对手，赢得市场与顾客的能力；

风险性：在对大环境的发展趋势有足够预判的前提下，具备一定程度的可控风险。

具相关研究数据显示，85% 的企业倒闭是由管理者重大决策失误造成的，好的发展战略，就是最大程度地规避管理者决策的失误，使其从各个领域提升组织核心竞争力，持续"做正确的事"。

作为企业领导者，想带领企业在困局中转型、升级，实现突围，必须具备站高一线、深谋远虑的战略思维，让企业规避风险和危机，获得赢的筹码。而企业要赢，企业战略立足点是非常重要的。因为企业战略不是"始于今日，谋划成功"，而是要"始于成功，推导今日"。换句话说，不是简单地制定目标，在现有框架内寻求实现，而是以目标为出发点，重塑决策者的心智模式，升级整个组织的理念认知。可以这么说，企业战略，是所有管理活动的核心，是企业发展前景与上限的决定性因素。

对于企业战略的抉择与重塑问题，从货车旧生产车间起步到要跨国企业，辉煌了一个世纪的福特汽车公司给出了几乎所有战略模式从制定到实现再到重塑的参考范本。

在福特汽车成立的早期，它将单一产品轿车作为发展战略的重心。在创立的最初五年，它相继研发了 A 型、N 型、K 型、T 型等一系列轿车，每一型号都在前者基础上有着明显改进，也附加了更多的科技含量，一些型号甚至获得了巨大的成功，创造了当时的行业销售记录。

市场上的巨大轰动和热烈反响，使得福特汽车公司产品供不应求，越来越受制于生产效率这一瓶颈。当时手工造车效率实在低下，创始人亨利·福特开始实施工艺的分工、协作，甚至实施了最初的生产环境标准化尝试。经过三年的实验和改进，第一套汽车装配生产线问世，不仅大幅降低了福特汽车公司的生产成本，让汽车价格为大众所接受，也极大地提高了汽车产量，满足了大众需求。这期间，成本领先战略为福特汽车公司深入消费者奠定了重要基础。

在福特汽车公司之后的发展中，1917 年卡车、拖拉机加入产品"菜单"；1925 年制造 196 架三叉发动机飞机应用于美国商业航线；1932 年历史上首个铸成一体的"V-8"型汽车下线；1942 年 B-24"解放者"轰炸机、飞机发动机、吉普车甚至坦克等武器装备成为福特汽车公司的拳头产品。此时的福特汽车公司，可谓"跨界多面手"，成为多样化、差异化生产战略与纵向一体化战略的杰出实例。

如今，福特汽车公司是集汽车生产集团、多样化产品集团、金融服务三大战略板块于一体的跨国企业，在长达百年的发展过程中，福特汽车公司的企业战略制定、实施和因时而异的重塑，无疑起到了重要的作用。

✧ 生长与突破——如何定制企业发展战略

企业战略的框定、重塑与进化，如同一个生命体的诞生与成长，离不开定位自身、积极布局、严格执行这一系列措施。与此同时，也应遵从因时而异、灵活变通的原则。

企业战略的宏观作用是指导经营方向，微观作用是决定产品与服务的形态、规范内部运行、维护组织工作重心。因此，定制企业战略，必须清楚地知道自己的资源、优势、短板，能够做到什么、难以实现什么，简而言之，是要对自身有清晰而准确的定位。

企业要做好自身定位，需要从生存空间中的三个"坐标轴"出发进行分析，分别是行业、客户、竞争对手。

分析行业，需要企业了解行业发展规律、认知内部运行逻辑、明晰未来发展方向。同时，对自身在行业内的位置、功能有所评估，明确自身强项优势，判定核心竞争力来源，也就是说，对企业生存大环境保持敏锐感知力。

分析客户，要以顾客思维进行产品改良、技术升级、品牌塑造，将产品做进顾客心坎里，将品牌矗立于顾客头脑中。洞察顾客消费需求，思索、揣摩顾客对产品的衡量角度和评价体系，打造品牌核心卖点。

分析竞争对手，现代商业模式让资源、流量越来越呈现聚拢效应，中小企业资源、优势、市场影响力相对有限，抗风险能力弱，因此，就要坚持拳头出击，找准关键点，以竞争对手为锚定点，判定超越节点，精准发力，直击要害，一举制胜。

在一场商业战争中，有了完美的作战方案，接下来就是对自身资源进行调动分配和对外界资源进行安排和部署。这对内的"调兵遣将"和对外的"合纵连横"就是为企业战略实施进行的准备工作。其中，又涉及时间布局与空间布局两种。时间布局，是企业"先发制人"，提前掌握资源或建立某种自主知识、技术储备，设法获取和保持先发优势、早入优势。空间布局，是企业获取一定地域优势和硬件条件，利用空间优势以节约成本，争取竞争优势。

十分战略，三分在谋定，七分在执行。作为企业领导者，一定要摒弃空谈战略、改革，忽视落地实施的"习惯"和"传统"。分解战略方案内容至各部门、各人员，在技术产品、组织流程、人才培养、文化建设四方面，不断提高效率、水平。企业要依靠战略获得转型、升级，一定离不开实践、坚定执行。所谓"既要抬头看路，也要低头拉车"就是这个道理。

今天，从实体、电商到自媒体，每一个十年带来的机遇、风口都不尽相同。因此，企业战略自制定起，就应保持发展演进和更新重塑的动态属性，在未来高度互联、智联的时代，敏于感知、挖掘、适应新的市场需求，因时因地制宜，调整战略谋求生存发展，避免被颠覆的危机。

◇ 顺应趋势——先人一步，矗立未来潮头

对于网络经济时代的到来，人们已经广泛接受、适应甚至形成了依赖。未来，网络经济更会依托科技的发展进步，为人们的生活带来多方面、深层次的根本性变化。基于此，企业战略也应跟随潮流趋势，以数字智能化与国际化发展的视角重塑发展战略，先人一步，矗立制高点。

随着 5G、云计算、大数据与人工智能新产品的不断问世，人们对未来"5G 智能生活"充满了期待。未来无疑是数字智能时代，企业发展也必须紧跟数字智能化的发展趋势，乘着 5G 时代东风布局新的发展战略。在无人驾驶汽车、无人送货机等"无人应用"领域预先谋得一席之地。在未来一二十年，各行各业都将借助人工智能实现转型升级，企业也应在大趋势下，制定、调整自身数字智能战略，促使人工智能与企业实际应用场景深度结合，从而更好地助力企业实现 5G 时代下的数字智能化转型升级。在战略重塑上以数据思维为基石，培育人才，投入资源，适应数据竞争，占据市场份额，为未来的成功奠定基础。

另外，在企业实力增强和固有市场容量逐渐饱和的前提下，积极规划"走出去"战略。一方面，拓展企业发展空间，培育企业国际化视野格局；另一方面，优化企业国际化资源配置，利用低成本资源和优惠政策等，为企业积蓄发展势能，增强企业竞争实力。因此，依据企业实际打造国际化战略，直接影响企业国际化发展进程，对企业在时代潮流下抓住机遇、培育未来国际化发展态势起着决定性作用。

选择什么样的企业战略，直接关乎企业的生存与发展。做出正确选择的企业往往能够以此预判风口，一举成功，反之则付出惨痛代价，被时代所抛弃。

　　伴随二十一世纪的第三个十年的到来，在全球政治经济形势日益复杂多变的大背景下，企业对适宜、恰当的发展战略的依赖性也日益凸显，可以说企业兴衰与其息息相关。依时依势做出正确的战略规划，并以此为基础厉兵秣马、枕戈待旦，就必然能依靠战略优势，从容应对下一个十年中持续不断的变革和挑战，乘风破浪、蓬勃发展。

第二章

重塑价值：创造唯一，差异化战略

　　一个企业，无论从属哪一行业，具备何种性质或者规模体量大小，其本质都是为社会创造独一无二价值。现今第五代移动通信技术（5G）以其对民众生活超乎想象的颠覆性改变逐渐成为全民关注探讨的热点。而随着科技赋能生活的全面落地，企业创造的价值也不再局限于传统认知领域，而是借由5G技术，让现实生活更加舒适、便捷，让未来更加现实、美好，甚至驱动人类文明的发展进程。

　　要实现这一目标，就要打破观念枷锁，着眼未来，创造与众不同的价值，这是一个优秀的企业，所具备的理想和情怀。

一　企业要创造和创新价值

面对市场的千变万化，企业要在一场又一场的风云变幻中前行，就必须修炼本心，把握"价值"二字，享受科技的更新迭代，洞察用户的深层需求，不断认真创造和创新价值。

21世纪，知识经济贯穿其中，信息互联势不可挡。这一秒钟，新的企业出生；下一秒钟，更多的企业轰然倒下。时代的步伐迈得快速，又不留丝毫感情，企业若不紧紧跟上，就会被瞬间超越。

✧ 创造价值才应该占据企业认知的 C 位

如果要用一种味道来诠释儿时记忆，大概很多人会选择老干妈。作为让人辣得欢喜、香得满足的配饭神酱，"老干妈"显然博得了大江南北的芳心。

作为生产辣酱产品的企业，老干妈历经几个发展阶段，从白手起家到走向世界，不可谓不传奇。

在发展的早期，老干妈完全是凭借优质的产品吸引消费者，正是那一份辣与香的平衡带来的双重味觉诱惑打造了一种属于辣酱的陶碧华式"标准"。另外，极具优势的辣酱定价也是老干妈多年来始终稳定发展的一个基础。

后来，老干妈并不局限在贵阳，独特的渠道通路使其发展至广州，甚至流行到全国。流行并不意味着永生。已经成为知名品牌的老干妈，还在带着纯粹的传统味道继续前行。不管是那支魔性的《拧开干妈》宣传片，还是超过 50 多亿元人民币的 2020 全球销售额，不跨行的老干妈用专注的精神打造顶级的产品，而它传递给消费者的永远是那一口香辣的经典味道。

很多人将企业的失败归咎于时代，似乎时代就像是一个大大的黑手，抓着良好的企业往一个个黑袋子里扔，不容其挣脱，这些人还总是吵嚷着"过时了，终究是过时了"。其实，他们根本就是搞错了重点。重点不是"时代"，而是"价值"。不是脱离时代，而是失去了被需要的价值。

在《管理的实践》中，管理大师彼得·德鲁克将企业经营的目的定义为创造顾客。企业应该是为顾客提供产品或服务，并不是追求最大化的利润。不能够创造顾客的企业，就没有作为企业的基础，这就是企业存在的意义。纵然互联网时代下，市场在极速迭代，环境也是瞬息万变，可是企业的经营并不会发生什么本质上的变化。因此，无论在什么样的时代，企业的发展都应该围绕一个主题：为客户创造价值。

很多人常常感叹做生意太难了，在变化的市场中，他们仿佛是没有方向的船帆漂流在广袤无垠的大海上，脆弱、渺小又无力。但其实面对经营的难题，很多时候他们都是要解决一个问题：为什么顾客非要购买你的产品？不过，企业往往更容易将关注的目光放在投资规模和投资回报率上，因为这些对企业来说就等于经济利益。而与此相关的流动资金、毛利率、时间成本等，如果不会为顾客带来价值，对顾客而言，就没有任何意义。

盈利对于企业是不可或缺的，任何人都不能否认这个现实。不过，企业更不能放弃更高的价值追求。当一家企业掉入利润的深井，它的视野也就只有井口那片范围，从此失去海阔天空的自由。

2021 年 2 月 3 日晚，vivo 发布了 2021 年新春致辞，名为《不忘初心，埋头种因》，也强调了 vivo 利他共赢的态度。事实上，这也是 vivo 一贯的态度。尽管有时吃点亏，但与合作伙伴保持良好的关系，让 vivo 能够前行得更加稳定与从容；尽管费了很多心力，但以用户体验为重，受到广大消费者的喜爱，让 vivo 的影响力也在继续扩大。vivo 用事实证明，利他就是利己。两者并不是非此即彼的关系。站在客户的角度，为客户创造价值，正是企业获得源源不断关注与财富的基础，而且利他与利己在很多时候都会呈现正比例的状态，即企业为客户付出的越多，也就可以获得越多的物质上或者精神上的回报。

至此，创造价值的重要性已然明晰，那么在新的发展环境下，企业要想为顾客创造价值，又该如何考虑呢？最直接的就是要构建或升级商业模式。作为价值的载体，一个适合的、可持续发展的商业模式，可以为企业带来更多、更好、更快速的回报。

✧ 纵深挖掘，对焦用户新需求

过去的 2020 年，对于很多企业来说，是磨砺，也是洗礼。这一场登山之旅，似乎只有阶段性的胜利，遥望远方，还有征程万里。疲惫，不能倒下；艰难，仍要继续。在上一场残酷的市场中，有的企业已经倒闭，有的企业浴火重生。不管怎样，非常明显的是，企业若不想出局，就需要回归本心，在价值上做出锦绣文章。

无论中外，很多优秀的企业都拥有可以吸引用户的独特价值。如星巴克，一家咖啡略贵的咖啡馆，却因为其具有情调的环境吸引了大众，而它的价值主张其一就是"星巴克出售的不是咖啡，而是人们对咖啡的体验"。又如海底捞，一家似乎总是"不务正业"的火锅店，也因为其极为突出的个性化服务获得了食客的好评。所以，当价值与用户处于同一个磁场中，就能够实现精准吸引。

事实证明，很多价值都是被挖掘、创造出来的。曾经，不容易买的用品因为有了淘宝、京东变得随买随到；曾经，不容易吃上的饭因为有了饿了么、美团变得随订随到；曾经，不好打的车因为滴滴变得随叫随到。对于企业来说，可选择的渠道变多，而对于消费者来说，选择的机会也在变多。观察整个市场的发展，一切都处于前行状态，那企业更要着眼价值，对焦用户的新需求，以更好地实现自身的阶段性目标。

企业想要在价值上赢得新的战局，不需要费力寻觅新顾客，新顾客也不一定就有新的需求，反而对于之前的顾客而言，他不是停留在过去，随着客观环境的变化也会爆发出新的需求，企业要做的就是尽快精准找到这些新需求，实现价值创新。以下三个关键词，都是企业可以用来参考以及研究的方向。

关键词一：功能。

对于产品来说，它的功能是最基础的，也是顾客最看重的。人的需求可以说是无限的，如果企业能从功能上进行思考研究，就能更容易探索出人类的更多需求，打造更有价值的产品。当然，在细分领域，关注功能也是主流选择。就像手机品牌，它的每一次升级都可以为用户提供新的实用功能，而以此为目的的挖掘过程便有了比较具体的方向。

关键词二：情绪。

人是高级动物，也是情绪动物。喜怒哀乐，是每个人每一天都逃不掉的情绪体验。如今，玩转情绪出现在消费品上的比较多。如三顿半咖啡，作为速溶咖啡市场的黑马，不管是设计"领航员"角色，是高颜值的咖啡包装，还是空罐子的回收计划，都是为顾客提供情绪体验，赢得用户的支持。还有新茶饮——喜茶，火爆的背后也是人们对于这种生活方式的追寻与喜爱，享受喜茶带来的全新茶饮体验。

关键词三：渗透。

想要满足顾客的细分需求，仅考虑自身并不明智。在这个随时可变的时代，企业更需要有无边界的概念。万物都可无边界，在商业圈里，企业之间完全可以说是互相渗透的。例如故宫文化，它就是一个跨界能手，因此，大众可以看到故宫文化与网易游戏联名、故宫文化与美宝莲口红联名、故宫文化与安踏联名，这种打破次元壁的跨界联名，吸引了消费者的目光，也进一步提升故宫文化的知名度。

企业打破边界，将渗透的态度融于前行的方向中，也可以集聚更多的资源，了解同一行业的竞争优势，学习不同行业的商业思维，开拓企业本身的价值空间，满足更多顾客的新需求。

二 如何做一个值钱的企业

站在商业的角度，真正有价值的企业，才能称之为"值钱的企业"。随着经济的不断发展，越来越多的企业在塑造企业价值上发力，力求在资本横行的时代下走出一条非同寻常之路，做一个真正值钱的企业。

值钱的企业不一定以赚钱为唯一目标，能够产生越多价值的企业才是企业值钱的生存之道。如何做一个真正值钱的企业，本节将给出答案。

✧ 大局：你的企业十年后还能值钱吗？

黑天鹅事件频频出现，给这个时代的不确定性又增加了一层笼罩，人们的安全感再度降低。我们总是习惯性地去解释黑天鹅事件发生的客观原因，却未曾思考过如何应对下一个黑天鹅事件。

我们的生活充满着各种各样的不确定性，对于正在发展的企业而言也一样，无时无刻不在面临着如何在不确定性的未来更好地活下去的问题。市场、资本、用户等无论哪一个要素发生微妙变化，都有可能成为企业失败的原因。

所以，你是否思考过未来十年，你的企业还值钱吗？

海尔公司通过组织变革，将公司的 8 万名员工改为 2000 多个内部创业小组，率先战胜僵化的思维，在不确定性的当下战胜了脆弱的体制结构，最终走出困境，引领海尔走向全新的未来。

对于当今企业而言，不确定性指的是伴随市场出现的种种迹象而产生的变化。企业既要观察好市场当中可能出现的不确定性，又要提升能力与这些不确定性共处。因此，面对未知的种种变化，企业不能坐以待毙，不能等到问题出现了之后再想办法补救，而要先一步思考未来，做好应对未来的不确定性。

首先，回归价值，做符合市场发展规律的事情。未来是不确定的，但企业向前发展是确定的。在当下全新的商业环境当中，企业要回归价值本身，学会与不确定性共处，以企业所处行业的发展趋势为根基，做企业转型与升级。

其次，自我变革，做持续增长型企业。要想带领自己的企业走向基业长青的道路，就需要不断克服重重困难，带领企业走持续增长道路。以家电行业为例，互联网技术的出现给予传统家电行业一拳重击，有的企业被淘汰，而有的企业仍保持增长，如海尔。海尔在遭遇技术挑战后迅速做出自我变革，积极主动调整原有的模式，在调整的过程中，保持企业增长态势，顺利战胜挑战。

最后，保持敬畏，重新梳理相互之间的关系。企业所处的市场环境也是一个庞大的"生态圈"，在这个生态圈里包含卖家、消费者、中间商等诸多要素。企业在应对这些要素时需要考虑多方关系，如企业与平台之间该如何互动以达到最吸引消费者的目标、企业与中间商之间该如何分配利益以达到共赢的效果，这些都是企业需要思考的问题。未来，这个生态圈系统只会越来越庞大，越来越复杂，企业更应保持敬畏的态度，从多种角度对其进行梳理。

企业只有做到以上三个方面，才能够在应对未来的不确定性时保持理智，做出最优选择，成为那个仍然值钱的企业。

未来的不确定性还有很多，这些不确定性也将成为这个时代的常态，因此，企业应有大局观，在面临诸多不确定性时回归价值本身，自我变革，持续增长，唯有如此，企业才能将不确定性转化为机遇。

◇ 方向：将市值目标作为企业的引路灯

在许多企业家思想里，如果企业不上市，就可以不考虑市值问题，在他们眼里，市值显得多余。然而真正成功的企业，无论上市与否，一定有市值目标的规划。

市值目标对于任何一家企业都十分重要，它不仅能够衡量未来企业发展，还能够帮助企业解决未来可能出现的问题。

其一，市值目标是一个企业得以生存的关键。

任何一家企业的价值评判标准都是由它的市值所决定的。简单来说，市值包含了企业的有形资产与无形资产，也囊括了企业的过去、现在与未来的价值。市值高，企业价值就高，市场认可度也就随之提高。

因此，企业做好市值目标规划能够帮助企业在未来发展中获得生存空间，一旦企业有了市值，就能够在市场中收放自如，无论是选择被收购还是选择单干，都不至于陷入困境之中。

其二，市值目标是聚集人才的灯塔。

什么样的企业最能吸引人才？大多数人脑海里会浮现出众多知名企

业，华为、腾讯、抖音……人们评估他们吸引人才的原因是什么？答案是：有市值。

越是工作能力强的人，他们越追求高目标，希望能够在更优秀的平台上证明自己的价值与潜力。这些有目标、有规划的人往往更愿意进入一家有上市计划的企业，因为只有如此，才能够更好地借助老板的力量实现自己的人生梦想。

由此可见，市值目标对于一家企业而言是吸引人才的需要。无论上市与否，都应提前做好市值目标的规划，才能聚集人才。

其三，市值目标能够帮助企业提升社会价值。

从市值的最初定义来看，市值仅能作为衡量一个企业经营实力与未来发展的指标。而从宏观来看，当一个区域的企业都做好了市值目标规划，有了市值之后，此区域的经济一定会得到比其他区域更好的发展。再放大到整个社会，众多优秀企业做大做强之后，展现的是整个中国的经济实力。你的企业做好了市值目标，就能够为社会贡献力量，提升社会价值，从而获得更多的发展机遇。

总而言之，市值目标对于任何一家企业都是百利而无一害的。你的企业可以不上市，但一定要有规划，要有市值目标，要有对未来的规划，才能让企业越来越值钱。

◇ 规划：做好生命周期管理

企业的生命周期一般指的是企业的发展与成长的动态轨迹，包括发展、成长、成熟、衰退四个阶段。当企业经历过这四个阶段之后，往往会面临稳定、转向或者消亡三个结局。

任何一家企业都希望能够顺利度过生命周期，即穿越周期。然而，据某个数据显示，95% 以上的企业都无法顺利跑完整个生命周期，就是说仅有 5% 不到的企业才能真的成为值钱的企业，实现稳定发展。

因此，做好企业的生命周期管理能够让企业做值钱的企业。企业如何成功穿越生命周期，有以下三步走战略：

第一步：产品把关。

产品是衡量一家企业是否值钱的最直接标准，尤其在企业起步阶段，做好产品把关是企业的重中之重。当然，产品不是企业生产出来就结束了，整个产品把关的过程分为两个方面。一方面，企业要快速做出好的产品，如果你是一家新创立的快消品企业，你就要以最快的速度做出一件能够代表你企业的产品，最好是自主创新研发的产品，在面临同质化产品时会有更大的竞争力。如果无法快速做出创新产品，企业也可以模仿热销产品，速度提上来了，企业生存就不会出现大问题。

另一方面，企业在做出产品之后应做好市场调研与用户管理。想要企业度过生命周期，就不能停留在企业生存阶段。企业做出产品，产品质量肯定没有问题，那怎样更好地卖出去，更好地吸引更多消费者呢？答案是做好市场调研，根据消费者的需求与喜好，在产品包装与产品介绍上下功夫，让消费者看到产品时就有想要买走的冲动。这就是产品把关的重要性，企业拥有有价值的产品，才能做有价值的企业。

第二步：市场把关。

解决了企业生存问题，就到了企业成长与发展阶段，到了市场把关阶段。企业只有经得起市场的考验，才能顺利实现增长，从而成长起来。

在这个万物互联的时代，大数据化趋势让企业能够更精准地掌握市场。与此同时，市场细化将更加明显，企业在市场上遇到的挑战更为复杂。面对复杂的市场，企业可从两个方向着手：一是将市场分为线下与线上两个部分，企业根据自己所处的行业判断重点目标市场，分清主次，彰显企业优势，从而迅速成长；二是利用大数据分析消费者，一方面模拟市场需求，巩固已有消费者，另一方面抓住消费者痛点，获取新消费者。总而言之，企业既要抓住市场，也要通过市场抓住消费者，双管齐下，才能够让企业在发展阶段稳步上升。

第三步：管理把关。

企业在完成第一步与第二步之后，就到了成熟发展期，此时是企业顺利度过生命周期的关键一关，是人与人之间的较量，即管理把关。一家企业的成熟与否，体现在它的管理水平上。成熟的管理体系能够帮助企业做好未来规划，让企业发展的有条不紊。如何做好管理把关，这就需要企业根据自身情况选择一个适合自己的管理方式，具体的管理操作，会在后续文章中具体阐述。

第四步：价值管理。

企业价值管理的本质是企业自我成长的过程，它关乎企业发展定位与战略选择。企业价值是企业经营持续增长的价值，是一个动态的过程，因此，在做企业价值管理时应结合企业不同时期的定位，不断完善与提升。在不同的生命周期，企业应不断调整与选择战略，从而让企业的总体战略是可操作的、具有目标性与前瞻性的。

穿越生命周期是每一家企业都想要实现的事情，只有穿越生命周期，才能证明你的企业有价值，才能与时代共舞。在这个过程中，企业需要不断探索、创新与坚持，才能顺利穿越生命周期。

真正值钱的企业，一定是有价值的企业。无论是从企业发展的时间衡量，还是从企业发展的维度，它都经得起考验。真正值钱的企业，一定有长远发展的战略规划，是企业价值的展现。

三 创造差异化的战略体系

在如今的商业环境里，一旦出现营销黑马和明星产品，很容易在行业内引起一股跟风热潮。但是，一个领域，最先进入的往往才会得到最优的收益。在同质产品众多的情况下，如何脱颖而出，率先利用差异化开辟新的领域，成为第一个吃螃蟹的人，是每家企业在面临激烈竞争的当下应该考虑的问题。而企业的发展，更是离不开建立在差异化上的战略体系，只有如此，才能让消费者在成千上万的产品和服务当中看到你、选择你、成就你。

✧ 挖掘差异优势，建立战略体系

实施差异化战略，是企业通过差异化将核心竞争力转化为竞争优势，促进长期发展的重要途径。在此基础上建立一整套差异化战略体系，既有利于企业从内部提升实力基础，又为在外部拓宽发展领域开辟了道路。

差异化从本质上说，是为了避免与同质化产品及服务在市场上硬碰硬的竞争，而创造的契合企业自身的全新发展领域和蓝海地带。因此，实施差异化战略，不能盲目激进，不能为了差异而差异，凸显无意义的"特立独行"，而是应当从产品服务、品牌形象、市场营销三方面挖掘自身优势。

产品与服务是企业安身立命之本。实施差异化战略，产品和服务是重点考量的领域。产品差异化要求产品在质量、性能、外观、用户体验上明显异于或优于同行业产品，以此创造全新细分市场领域并形成先入优势。服务要求精准满足顾客所需，按照销售前、中、后各种类专业服务目的，有针对性地提升相关人员服务素质和质量。要做到这一点，需要企业摸清、调研市场发展趋势，满足被其他同行忽视的顾客需求，用高科技、新技术积极进行产品、服务升级。同时围绕产品多样化加强创新、研发，形成特色各异的差别优势，以"新""奇"制胜。

品牌形象的差异化，就是通过塑造品牌独有的概念、形象，在顾客心里形成认同与偏好，以此聚集固有拥护者、支持者群体，在激烈的市场竞争中形成隔离、回避。这要求企业一方面建立、完善优秀的、有特点的企业精神与企业文化，形成正能量的示范宣导作用；一方面塑造卓越的品牌形象，使其具有差别化的识别标识和良好的社会反映。

市场差异化是从销售渠道、市场定位、营销方式这三方面制造差异化优势。为实现市场差异化，企业可以从价格方面入手，根据产品特色、自身实力与产品寿命周期等制定销售价格差异；可以从销售渠道入手，设计差异化的渠道宽窄、长短、种类等等，与同类型产品形成差异化的销售渠道和销售目的地。

从以上三方面挖掘企业差异化战略优势，确定差异化战略实施侧重点之后，企业应从内部、外部合理调动、配置资源，建立战略体系。

内部战略体系指围绕实施差异化战略重点领域，建立起一套行之有效的体系理论，包括指导思想、方针目标、措施策略、具体规划。与此同时，在企业内部运行中形成与之配套的生产与职能支持体系。

外部战略体系，就是在业务战略以竞争战略为主，通过跨界竞争战略等方式，构建企业多元化发展与扩张。

◇ 寻求跨界竞争，构建多元化扩张

当下新经济时代，越来越多的行业开始了融合、碰撞的尝试。产业间界限越来越模糊，企业也必须拓宽战略视野，正视跨行业的发展尝试，仅仅关注自己固有行业领域内的伙伴与对手，抱有陈旧的"你死我活"的狭隘竞争意识，是难以在"跨界时代"中生存下去的。

面对全新的市场环境，企业需要创新商业思维观念、深入挖掘自身的潜力，激活各类战略资源，充分利用各种隐性资源，更加注重跨领域寻求新的竞争与合作。未来就是一个产业融合的"创新嘉年华"，现在只是序章而已。

网易云音乐可谓是网络情感类金句的最大发源地。作为文艺青年聚集地，网易云音乐在满足8亿年轻用户的音乐与社交需求的同时，也利用这一特点在品牌营销上颇有建树。抓住"留言"这一巨大优势，网易云音乐先是在地铁车厢、飞机机舱里写满乐评，打造"乐评专列""乐评专机"；和人民日报出版社深度合作，推出了乐评笔记书——《听什么歌都像在唱自己》；与海底捞、奈雪的茶合作，掀起"AR小纸条"互动风潮；与亚朵合作，打造了第一家"乐评"主题酒店，跨界范围之广让人叹为观止。

跨界竞争提供了一种企业发展的新模式，那就是尊重当下新锐生活态度与当代审美的融合。跨界竞争战略对于企业的最大益处，就是让企业在挖掘自身优势的基础上，谋求创新与合作，在不同的产业间培植品牌影响

力，从而给企业品牌打造立体和纵深"质感"。

有一点值得注意，那就是企业在通过跨界竞争战略实现多元化扩张的过程中，要准确把握自身实力与市场预期的平衡，也就是"量力而行"，以长期发展为基础，进行理性的决策和渐进。不盲目求大，认识到小有小的优势；不盲目求快，一味追求速度忽视发展的平衡与稳健；不盲目追求业务多元化，产业链、价值链的大而全，更关注利润的获取与稳定。

跨界竞争战略是一种积极的扩张发展方式，用好这一外部战略，就能为企业带来新的蓝海。

✧ 提升实力基础，形成利润涌出

"练好内功"，是企业实施差异化战略的根本。在如今的国民经济大背景下，企业依靠以往能够产生高收益的生产方式不再可行，有时甚至成为数字时代下新一轮竞跑的束缚。这种情况，可以视为企业的价值观念与社会现实的价值观念产生了极大的不一致，企业必须认识到能够产生新利益的增长点来自全新的领域，这是创造差异化战略体系的核心内涵。如果拒绝重塑自身的价值体系，以行之有效的战略杀出重围，就极有可能为此付出失去价值、失去行业地位甚至被淘汰的代价。而增长点的挖掘，就要追根溯源，在价值产生的链条上条分缕析。

商业的本质是什么？是产品被每一位顾客认可的、独一无二的价值。用数值呈现，就是收入减成本，余量即是利润。举例来说，售价一百元，成本八十元，剩余的二十元就是利润，对于企业来说，无论制造业还是服务业，销售利润是单个产品利润乘以销量，也可以说是独一无二的价值乘以被市场认可的程度。

扩大利润空间，就是扩大收入与成本的差距。创造的利润空间、竞争力越大，企业发展的工事壁垒越坚固。如何做到？一个方法，是加大销售收入，瞄定高端市场，定位高收入消费群体；另一个方法，是降低成本，在保证产品质量的前提下，改良技术、更新管理模式。这是差异化战略的两种路径。

一、高端定位战略。

随着经济不断发展，中产阶级群体数量显著增加，他们普遍有着对产品质量和品牌文化更高品质的追求，也因此在一定程度上为消费市场带来了消费理念的转变。

对于品牌，消费升级时代下的消费者更多看重其所蕴含的文化含量、科技含量、发展潜力等等，因此塑造品牌对于企业借由产品进行转型升级至关重要。品牌附加值是利润的重要增长点，强势品牌带来的高额利润，往往超出市场平均水平。

其次，越来越多的人接受优质高价的产品，他们深信，越是高价的商品，其品质越接近价值。因此，一些单价并不低的商品和服务，但是消费者就非常认同。海底捞就是借由走高端路线打造高价、优质产品的企业形象。利用"少而精"的产品特色，得到丰厚利润，同时也能巩固在顾客心中的高端印象。

再次，选择对企业最有利最具营销效率的渠道。同时，不在渠道中提供可以让消费者有大量选择的产品，使营销渠道始终保持在一种不饱和的状态。人为限制销量，有意地制造稀缺，以此凸显目标消费群体，保证利润增长效率。

二、成本创新战略。

在市场售价很难提高的前提下，对利润影响最大的因素是什么？成本。把成本做到行业领先，就需要实行成本创新战略。在成本最低的情况下，依然能够保有一定利润，就要靠创新和改革了。通过规模采购、源头采购、互联网去中间化、商业模式创新，门店、技术变革，最终把成本降下来。

这需要深入运营管理核心，了解企业自身优劣势，在此基础上实施一系列的"练内功"措施，比如构建更完善的成本控制体系、建立严谨的成本管理体系；加强成本考核管理；对结构成本管理进行针对性创新；建立成本管理调控机制等，以此培育企业发展潜力，为企业筑牢发展根基。

企业需要想尽一切办法通过创新做差异化。

如此，将差异化战略体系按照发展目标合理确定，以此推进品牌的打造和生产、管理模式创新，并经过科学论证、考量和测算，差异化战略体系即可以为企业未来相当长一段时期的发展壮大奠定基础。

第三章

重塑产品：直击痛点，终身价值

在越来越内卷的市场和商业竞争中，企业产品更是无法逃出这样过度竞争的状态。流量红利封顶、产品同质化严重等一系列问题接踵而至，在此环境之下的企业如何自救？

当产品陷入难以创新与销售的局面时，企业就应当重塑产品。在万物互联的"5G+物联网"时代，冷冰冰的物品变得有智慧、有温度是无可辩驳的发展趋势。但是，在智能应用加速推进的同时，不应忽略重塑产品之路也是一个循序渐进的过程，是企业在重塑商业中的必修课。打造好的产品从重塑产品开始，企业应紧跟潮流趋势，立足产品，直击消费者痛点，从而在产品泛滥的时代下入侵消费者心智，从卖产品转变为挖掘消费者的终身价值，实现企业突围。

一　打造好的产品从重塑产品开始

在市场产品的鏖战中，失败的永远是那些平庸的产品。人性需求永远都是生产产品的最直接驱动力，重塑产品，就是捕捉与洞察人性。

中国市场已从"产品短缺"时代过渡到"产品饱和"时代，绝大多数企业已经感受到市场环境变化带来的"生意越来越难做，产品越来越难卖"的困境。今天的消费市场，卖得好的产品是在消费者购买后能够产生价值的产品，是能够解决消费者需求和痛点的产品。所以直击消费者痛点，挖掘终生价值尤为重要。

在当今产品泛滥、同质化严重的市场环境下，消费者的要求越来越精细化，昨天还能够满足消费者需求的产品今天可能就会被淘汰。我们需要不断挖掘消费者深层次的需求，不断创新自己的产品，通过不断地优化和升级，从而使产品更具竞争力，进而从消费市场获得机会。所以，面对市场、用户、需求的变化，企业若想生存下去，重塑产品尤为重要。

✧ 产品，从来不是只作为一个物品存在

产品属性作为产品本身所固有的性质，往往会根据消费者需求与消费者特性被划分为多种形式，凡是产品所具有的差异性都可组成产品的全新属性。

厘清产品的固有属性，是重塑产品的开端。我们依据产品的核心产品、实物产品与附加产品这三个固有属性，将重塑产品具象化。

核心产品是消费者购买产品的最直观体现，也是消费者购买产品的本质原因，通俗来讲就是消费者的利益所得。如消费者购买电脑是为了工作、学习或娱乐，此时的利益所得即电脑能够帮助消费者实现这些要求。因此，核心产品的重点是直接解决消费者痛点，任何无关项都不能代表核心产品。

实物产品依托于核心产品而存在，是核心产品的表现形式，可以理解为产品的外在特征，如质量、包装、样式等。

顾名思义，附加产品就是产品的附加价值与附加服务，如购买体验、送货上门、保修保养等。这是消费者在购买产品后得到的额外价值，是企业与消费者保持长期联系的最佳方式。

当产品的这三个属性结合到一起时，便有了重塑产品的最佳手段：以核心产品为切入点，做好产品定位；做优质的实物产品，提升产品格局；做全面的附加产品，打造产品价值。

✧ 重塑产品，从产品定位开始

你想让你的产品成为什么？你该如何让产品吸引消费者按下购买按钮，入驻消费者内心？答案：重塑产品定位。

产品定位是指企业应该生产什么样的产品来满足目标消费者或目标消费市场的需求。

当产品与需求产生差异时，你的产品可能马上会失去市场，从而导致原有消费群体的快速流失，此时的企业必须要重新审视自己的产品定位，进行产品的重塑，只有这样，才能在激烈的市场竞争中脱颖而出。所以，一款产品的定位直接影响消费者对品牌的判断。

卫龙为迎合现如今年轻主力消费者，全新推出一款主打简约风包装的辣条，搞怪新鲜网络语句加上全白色底部，一经上市，其干净清爽的外表不失高级感的同时抓住了年轻消费群体的内心，让此款卫龙辣条迅速在行业中脱颖而出，赢得消费者喜爱。与此同时，卫龙新建生产厂房，并请专业质检机构严格把控食品的卫生与安全，成功摆脱辣条是垃圾食品的印象，重塑产品。

由此可见，卫龙通过重塑产品定位，找到适合自己的产品定位，并获得了很好的传播效果与效益。

那么，企业应该如何重塑产品定位呢？以下提供三个要点：

要点一：以企业自身为出发点，反向进行突破。

定位不对，一切白搭。反方向寻找并重塑产品定位可分为两个关键点：第一个关键点是反问自身企业如果不做产品定位，企业将失去什么，答案显而易见，会失去用户，失去市场；第二个关键点是反问自身企业如果做不好产品定位会带来什么，答案也是失去用户和市场。因此，以企业自身为切入点，反向进行突破，客观地确定自己产品的优劣势，将目标用户进行排序，把所有需要你的用户进行排序，最需要你的很可能就是你的第一目标用户。找到第一目标用户后，放大产品优势，加强产品定位对目标用户的冲击力，重塑产品定位。

要点二：以市场需求为根本点，顺向进行。

无论何时，产品都不能脱离市场而独自存在。重塑产品的最终目的是将市场中的潜在消费者转化为真正的消费者，只有以市场需求为根本点，才能在重塑产品时不脱离轨道。一方面，企业在越来越宽、越来越新的横向市场需要创新产品，用非正统的思维打破市场秩序。另一方面，企业在越来越细小的纵向市场需要将产品定位到特殊化，精准到某一点来做产品重塑。例如，企业的产品是针对高学历人群打造的，就可以细分为本科生、研究生等，或是细分为全日制、非全日制，从而在产品重塑时有更准确地把握。

要点三：以竞品为切入点，全向进行单新。

重塑产品定位是一个复杂的过程，不能一味地凭空想象，需要结合市场上同类产品的具体状况而定，既能够划定范围减少无用功，又能避免产品定位出现雷同，减少竞争风险。在探寻竞争产品时，应注重找出它对市场需求的反应，分析其产品的核心竞争力是什么，从而根据这些数据信息与自身企业的产品特征进行对比，准确分析自己产品所处的竞争位置，做好产品定位重塑。此外，企业在关注已出现的竞争产品时，也要对潜在竞争产品进行分析梳理，避免被潜在产品冲击。

企业通过对以上三个方面的重塑产品定位进行分解，基本就可以找到产品定位确立的方法：从企业自身出发，找到目标用户，再通过市场寻找用户的需求点，然后再反射到自身实际执行的情况，寻找与竞争产品的差异性进行产品定位布局，最后落实，实现企业利益最大化。

在如今产品泛滥的时代，产品的生命周期越来越短暂，延长产品的生命周期，不单单只是延长生产时间，更多的是重塑产品定位，企业搞清楚产品定位的重要性，才是重塑商业的真正开始。

◇ 重塑产品，从产品格局展开

真正决定企业高度的是格局，这关系到企业未来的深度与广度，有格局的企业具有重塑一切的魄力。在物联网经济发展迅速的今天，产品面临的最大挑战不在质量上面，而是在格局层面。数字化时代将企业带入全新的商业环境之中，如果企业生产产品的思维仅仅停留在工业时代，又怎么能对抗市场竞争，又怎么能在这个时代站稳脚跟。因此，我们需要通过"三个不"，来重新塑造属于自己的产品格局。

第一个不，不贪图消费者便宜。

一些企业在宣传产品时往往会利用民众情绪蹭当下热点，尽管依靠热点或民众情绪会给企业带来短期的巨大利益，但长此以往，只会得不偿失。一方面消耗了消费者的购买欲望，另一方面当热情退却之后，企业发展的广度也就变窄了。因此，重塑产品格局，首先就是不能贪图消费者便宜，任何产品的成功都要依靠产品的自身优势，其余的都不是长久之计。

第二个不，不贪图竞争者便宜。

有竞争才能不断保持警惕，不断进步。重塑产品格局，不应贪图竞争者的便宜，以华为对待中兴的态度为例，诠释什么是大格局。众所周知，无论是在手机市场的扩张上还是在通信设备的研发上，无论是国内还是国外，华为与中兴的竞争从未停止。旁人看来，二者定是水火不容的关系，其实不然，在中兴被美国封杀后，华为并没有趁机抢占市场，而是告诫员工"不要趁火打劫，不要落井下石，不许在这个时候，去挖中兴的墙角，抢对方的客户"。这是华为的格局，华为深知，一味地打压对手并不能多获得多少利益，反而在这个耗时的竞争中损害自身发展，因此，华为将重点放在做好产品之上，用产品说话，用产品获取真正的用户。重塑产品格局，让竞争者望尘莫及，才是正确选择。

第三个不，不占企业员工便宜。

企业要想做大做强，势必不能忽略员工的切身利益。好产品做得好，很大一部分原因在员工身上。一方面，企业如果选择压榨员工的劳动力，没有给到员工优质的待遇，只会"占便宜"，那么员工在企业中就没有收获感与幸福感，何谈创造出更优质的产品，提升产品格局。另一方面，优待员工能够真正地为企业留住人才，干得多，拿得多，干得好，有奖励。对于这个时代的员工而言，吃苦不是不可以的，关键是这苦值不值得吃。不占员工便宜，企业才能拥有更多人才，才能在打造产品上拥有更优质的团队。

"三个不"法则体现了企业重塑产品格局的前卫态度，抓住这三大法则，企业重塑产品格局的方向与途径就显而易见了。重塑产品格局需要企业有长远的目标与持久的信心。在短期利益与长远格局的矛盾中，企业选择后者需要勇气。宏伟的目标能不能实现，取决于企业格局有多大，产品做得好坏，也取决于产品格局有多大。

◇ 产品价值："一生二，二生三，三生万物"的至简之理

从产品价值的定义来看，产品价值是指由产品的功能、特性、品质等所产生的价值。产品出现的本身是为了满足消费者某种需求，而随着消费者需求的变化与提升，产品便有了更多价值。由此可见，产品价值的中心点在消费者上，围绕着消费者需求的变化而产生变化，那么重塑产品价值，也不能离开消费者而单独存在，记住卖"价值"而不是"价格"。

价值是产品的一个重要性质，它代表着该产品在交易中能够交换多少，而产品价值的本质取决于被需要的程度。重塑产品的价值十分重要，一方面这是用户需求变化的要求，另一方面这也是企业追求的目标。单纯地增加产品功能与片面地降低成本都不是一个企业明智的选择，只有重塑产品价值，在产品生产与设计中提高产品价值，才能为企业发展提供有力

支持。

首先，要增强产品的使用价值。产品的好坏万变不离其宗，最基础也是最重要的就是产品质量与产品功能。消费者在选择产品时，一方面，产品本身要有过硬的条件，能够满足消费者对产品的基本需求，另一方面产品要随着消费者需求的变化进行适当调整，让你的产品成为消费者必不可少的产品。按照这样的方式不断增强产品的使用价值，才能够打破产品无人问津的状态。

其次，提升消费者的体验价值。提升体验价值，就需要发挥产品的附加价值功能，更多的是为了给消费者营造良好的消费体验。产品需要产生更大的价值才能吸引消费者，最简单也最有效的是站在消费者的角度，理解好产品本身价值，做好产品体验价值的提升，让消费者在购买、使用产品后得到满足。让消费者为产品体验价值买单，是未来消费的趋势，企业只管做好产品附加价值功能的变化，就能自然而然地吸引到消费者。

最后，加强产品的传播价值。鉴别好产品的途径之一是看它的传播范围有多广，对此，企业需要从三个方向来思考。一是思考企业的用户在哪里，只有准确了解企业用户的存在位置、消费平台，才能为产品的传播提供方向。二是思考产品用哪种形式打动消费者，获得消费者的关注。三是如何在获取消费者后将他们留存下来，在此企业需要对产品进行什么样的改造。加强产品的传播价值，在此为企业提供了三个方向，具体如何做，仍需要企业结合自身的具体情况进行转化。

打造好的产品是从重塑产品开始，在此过程中，企业既是创新，也是汲取经验。重塑产品重塑企业形象的基础，做好产品重塑，能够为企业拓展产品新市场提供准确思路。重构产品是一场革命，重塑产品的最终结果并不是取得胜利，而是通过各方面的整合达到利益的最优。

二 以用户为导向创新产品

如今的商业逻辑是基于消费者的，与此同时，跨界融合进一步加强，企业的对手不再只存在于同行业之间，任何一个企业都有可能以新身份闯入你的行业。面对商业逻辑的变化与跨界融合加强的趋势，陷入迷失的企业该如何求变？

所有人都知道以用户为导向创新产品的重要性，但是却没有能真正地给企业一个可实行的方案。产品，是企业的根，是企业的魂。每一次成功的产品创新，都能带来企业的飞跃与进步。产品创新，在与用户的对接之中、在细节之处、也在用户的每一次需求变化中。

提出"促进创造力技法"（头脑风暴法）的亚历克斯·奥斯本说过："想象力是人类能力的试金石，人类正是依靠想象力征服世界。"创新产品就是用人类无限的想象力不断为世人创造新产品，不断刷新人们的认知。

✧ 以用户为导向就是要从用户出发

一谈到创新产品，大多数企业会把焦点集中在革命性的产品打造上，甚至认为只有像 iPhone 这样的产品出世才算得上创新。其实不然，企业的产品创新也能够是从用户出发，为用户创造更多价值。

一家日本的电气公司，曾一度积压了几十万台的电扇无法卖出，公司数万名员工为打开销路纷纷献策，但进展缓慢。偶然一次，一名新入职的员工提出了改变电扇颜色的建议。众所周知，当时全世界的电扇只有一个颜色：黑色。这个建议引发了全公司的一阵讨论，董事长最终决定，试一试这个建议。

随后，这家电气公司就推出了彩色的电扇，一经上市就引发消费者抢购，短短几月，几十万台电扇就顺利售出。要说这是创新吗？好像电扇功能没有发生质的变化。要说这不是创新，电扇外观的确也发生了改变。

这就印证了，即便不是革命性的科技创新，也能为企业带来质的飞跃。不可否认的是，如今的产品市场处于相对饱和的状态，因此产品创新不能只能是来自灵感的迸发，企业应全面洞悉创新产品的不同路径，要从用户出发，实现产品的有效利用。

我曾经去一家饭店，最深刻印象是这个饭店的主人对自己产品细节的琢磨有着非同一般的认真，为什么这么说呢？首先，你会被这家店的装潢深深吸引，如大黑板上写着本店不拼桌，也不加位，从侧面可以反映出，这家店针对的人群就是以情侣或小家庭为主，在潜移默化中就可以知道这是这家店的品位所在，目标用户定位所在。其次，我被饭店菜单吸引了。这家店主打的菜品是烤鱼，整个菜单将主打菜放在显眼位置，甚至其他菜品的选择都非常少。这就让人一下子记住了这家店的主打产品。

最后，关于主打菜品。既然是烤鱼，便要在火候上下足功夫。这家饭店在国内已有几家分店，之后我也去过其他几家，他们做出的烤鱼口味十分稳定，标准化程度极高。此外，他们还在每一个座位上放置了一张卡片，告诉你这鱼怎么吃更好吃，真的是将细节体现得淋漓尽致。

能够在餐饮行业中脱颖而出的企业，一定是从用户角度出发，关注其需求，并有着与众不同之处。对于产品创新而言，创新不仅可以是第一个发明灯泡的人，也可以是用细节创新赢得用户的人。

对于企业而言，创新产品时注重产品设计细节，是创新的魅力所在。细节创新最重要的点是不能拍脑袋决定产品创新，要以最微小的迭代，打败同类竞争产品，循序渐进地实现产品的创新。

如现在汽车的自动启停功能，能够帮助驾驶者在行驶过程中遇到临时停车时自动熄火，继续前进时系统自动打开，如此可以减少不必要的燃油消耗，既满足了消费者的需要，也符合当下环保的主题。这就是产品创新体现在细节里，企业在产品创新时应时刻牢记于心。

产品创新不是闭门造车，需要企业把握细节，从用户出发。细节掌握得越准确，企业的产品创新空间就越大，不仅能够获得更多潜在用户，还能获得越来越多的忠实用户。

✧ 以用户为导向就是要得到用户认可

细数商业变革，不同时代的消费者对产品的需求点也不尽相同。但，产品创新，得到用户的认可是永恒的命题，也是企业永无止境的追求。

我们从保险行业的发展看用户需求与产品创新之间的联系。从 1999 年到 2019 年，二十年，中国保险业原保费收入实现了从 1393 亿元到 42645 亿元的跨越，增加了近 30 倍。

记得多年前，消费者对保险的认知是"骗局"，随着时间的推移，保险行业的不断发展以及人们保险意识的提升让人们打破旧观念，认可了保险行业。

保险行业的发展离不开对满足用户需要的坚持与追求。在二十世纪九十年代，"60后"是保险消费的主力军，那时的保险产品趋向于服务"60后"的勤俭节约。如今，"90后"成为消费主力军，保险产品如何创新才能打动"90后"乃至"00后"消费者成为保险行业的一大挑战。

中国平安保险此时率先做出改变。平安保险从一家只有13人的小产险公司发展到今天拥有近两百万名员工，用行动诠释了产品创新要得到用户认可的理念。

以平安保险平安普惠的小贷业务为例，通过创新业务模式与拓展信用，让更多真正需要贷款的用户来到平安惠普。如打造开放式借贷平台，针对金融科技类业务将产品设计与营销获客、资金获取、贷后服务管理等优势进行资源整合，帮助众多微小企业创业成功。真正做到以用户为导向，为其提供更优质的服务，得到用户认可。

此外，平安保险坚持用产品创新与服务引导消费者对全面保障和贴心守护的追求。从平安保险的产品来看，近几年推出了"平安RUN"计划、推出"轻症涨保障"的创新责任、定制附加险等针对不同用户需求的全新产品，以用户认可为基准，与时俱进，改革创新。

平安保险用数十年的实践经验为消费者带来全新的现代保险产品，与时俱进，用不断创新的决心与信念满足消费者需求，从而得到用户认可。

因此，得到用户认可是产品创新永无止境的追求，对于正在发展的企业而言，深耕用户需求，主动为用户带来意外惊喜与收获，不断得到用户认可，以用户为导向的产品创新才是正确方向。

第一，洞察用户体验，从中获得产品创新灵感。

这里的洞察绝对不能理解为观察。观察的目的是认知，而洞察的目的是看清本质，只有看清本质，才能真正意义上实现产品创新。如今的产品给用户提供的价值趋向于雷同，用户在选择时就表现出强烈的不确定性。因此，我们需要洞察用户体验，将用户认可作为标准，从用户的不同反馈中打造出独一无二的创新产品，即使产品功能相同，也会因为它的非凡意义高于其本身价值，为企业带来效益。

第二，培养企业的市场洞察力，创造新的市场需求。管理大师彼得·德鲁克曾说："没有不合情理的顾客，只有懒惰的制造商。"这就告诉企业，要想持续发展，不仅要洞察用户体验，还要有超前的眼光，不断创造新的市场需求。技术横向，产品遍地的时代，消费者很容易被眼前的产品所满足，但是作为企业，不能就此满足，要比消费者早一步思考，为未来赢得先机。

第三，从用户需求读懂消费者，成为消费者本身。产品创新最有说服力的方法就是你也成为消费者，为产品买单。反向思考，作为消费者，你希望你购买的产品满足你的哪些需求，怎样才能得到你的认可。这就像是看 3D 电影，强大的视觉冲击感让你身临其境，才有了最真实的体验。

综上所述，企业要牢记满足用户需求是产品创新永无止境的追求，当企业越能满足消费者需求，消费者购买产品的动机也就更加强烈，成为最懂消费者的企业，是驱动企业发展的正确创新方向。

✧ 以用户为导向就是要为用户解决问题

好的产品创新是建立用户与产品的连接，这也是产品创新的关键所在，是为用户解决问题的途径。

我们总在说用户需要什么，我们就去创造什么，但是，或许连用户都不知道他们需要什么。对于用户而言，他们并不一定知道自己想要什么样的新产品，而对于商业而言，面对时刻变化着的市场，新产品的出现太频繁了，也不一定都能满足消费者。因此，用户与商业之间不能脱离关系，只有搭建起一个连接的桥梁，才能点燃消费者的激情。

企业在搭建解决问题的桥梁时需注意以下要点：

首先，重新排列组合，逻辑自洽。

当企业把创新产品都放在"新"之上时，往往会出现误区，认为只要是旧的东西都无用，其实不然，从约瑟夫·熊彼特对"创新"二字的解释来看：创新即"生产要素的重新组合"，企业实现创新，就是把"旧要素"重新拆解，并匹配形成"新组合"。这就说明了创新产品也不一定是抛弃式的重新创造，旧元素与新现象的重新排列组合未尝不是件有意义的事情。

因此，企业在进行产品创新时不要因为创新而去废除一切旧的产品，新旧组合往往能带来更好的结果。

其次，直击痛点，制造冲突。

痛点是什么，痛点最简单的解释就是能直击用户内心，用最简单的表述传达最有力量的话。比如对待年轻人减肥，你在标语上打上"健康"，他们可以说是无感的，但是你要是说不减肥让人变丑，他们或许就立刻行动起来了。

产品越直击用户痛点，制造冲突，就越能改变用户，越能显示出产品更强的竞争力。别人告诉你今年流行穿某款限量鞋，然而你没有买到它，你就会感到失落。这时，你看到别人的脚上穿着限量鞋时就会引发内心冲突。在这种矛盾下你就会想方设法去买一双限量鞋平息内心的冲突，甚至不惜花掉自己的定额储蓄。

产品创新也一样，要为产品制造最有冲击力的痛点，使产品与用户之间有着密不可分的联系，从而在市场中杀出一条血路。

最后，情感共鸣，永不过时。

即便我们现在处于一个碎片化信息的时代，但当你遇到与自己经历相同的人，读到与自己经历相关的故事，仍会感同身受。日本小说家德富芦花曾说过："人类在出生时，就是带着感情而来的。"因此我们在解决问题时，不可能只按照规章与逻辑办事，我们还需要用情感去影响一些人。对于创新产品而言，搭建与用户之间的情感共鸣，比如我们现在看到的很多广告，不再是单单宣传新产品，而是通过一个故事赋能新产品，潜入到消费者的内心深处，形成购买力。

好的产品创新能建立与用户之间美好的连接。人们能记住一个好的创新产品的关键就在于，这件产品具备了与用户的连接功能，它让消费者感到新鲜、舒适、甚至上瘾，真正为用户解决了问题。

以用户为导向的创新产品，将用户的作用进一步强化和放大，要为用户解决问题。企业要紧紧抓住用户这一要素，在产品飞速更替的时代突出重围，占领高地。

产品服务用户，产品创新就离不开用户。谁的产品从用户出发，消费者就选择谁；谁的产品得到了用户认可，消费者就选择谁；谁的产品解决了用户问题，消费者就选择谁。总而言之，创新产品要以用户为导向，围绕用户，推动企业发展。

三 以痛点打造尖叫爆品

这个时代，"爆款"心照不宣地成为企业入门的门槛，爆款有时候甚至成为传统企业的救命稻草。

在这个万物互联的信息时代，大家都在思考究竟什么样的产品才能脱颖而出，成为消费者心之所向。有人说是品牌战略，也有人说是营销策略。但这都不是问题的突破点，突破在于什么？产品本身。

爆品已经成为这个时代的商业模式内容，打造爆品是每一个企业都在尝试的重要抉择，在竞争激烈的商场中，只有用爆品才能让企业在这个时代中被记住，被更多消费者选择。

是的，在这个时代，要想成功，必须要打造爆品，掌握引爆市场的产品。爆品作为这个时代的超级名词，给企业带来生的希望。无论是传统企业，还是新兴企业，爆品都是其重要武器，如何抓住此武器，才是企业所考虑的事情。

✧ 爆品是未来市场的第一门票

什么是爆品？爆品其实就是在市场当中引发消费者强烈注意的产品，也可以解释为某种产品或者某类产品一进入市场就成为行业新贵。爆品主要呈现出爆发强、速度快、范围广、销量大四大特点，其本质表现为：优质、优价、超预期。

进入万物互联的时代，产品信息传递的时效性大大增强。

一方面，消费者能够随时找到任何一款产品的详细介绍，谁好谁坏一目了然，仅仅用营销换取受益的方式不再长久。

另一方面，产品信息传递打破时间与空间的限制，消费者对产品的选择更具有主动性，再小众的产品都有可能被消费者发现，从而让产品"出圈"的机会大大增加。在营销策略失灵与单品"出圈"的双重作用下，爆品打天下成为企业制胜法宝，是进入未来市场的第一门票。

这是一个不缺产品的时代，消费者不缺乏选择，那么企业的核心竞争点就更要向消费者倾斜。谁抓住消费者痛点，谁就能迅速获取打造爆品的敲门砖。以痛点打造尖叫爆品，将产品与消费者之间的关系进一步紧密结合，是企业少走弯路，直击消费者内心的不二选择。

由此可见，新时代下的企业生存法则就是集中力量以痛点打造尖叫爆品，抢占先机，只有这样，企业才不会被时代淘汰。

✧ 打造产品逻辑框架：做超越客户期待的爆品

这是一个什么样的产品时代？这是一个产品同质化严重、产品核心竞争力弱且产品供大于求的时代。中国企业甚至世界企业都正处于拐点之际，一面是消费升级浪潮汹涌下，消费者更注重优质、低优价、超出预期的产品；一面是传统企业面临危机自救的局面。如何破局，成为每一个企业面临的现实考验。

太多人将打造爆品作为噱头洒向企业，但也仅仅是敷于表面，并没有真的为企业答疑解惑。那么现在就是企业的新机会，记住这里所讲的洞察爆品的顶层逻辑，也可以理解为搭建消费者痛点金字塔，将其注入企业血液当中，成为你的产品"爆点"。

我们要先树立一个观点：为解决客户"痛点"开发的"止痛剂"就是产品的"爆点"。

给消费者带来超越预期的产品体验并不是一件简单的事情。消费者想要的产品不仅是能够带来视觉冲击的产品，更是能够切实解决消费者痛点的产品。因此，我们所打造的爆品一定要符合以下几个逻辑。

第一个逻辑：关注消费者产品需求金字塔，搭建爆品之基。

消费者对产品需求的金字塔由功能、效率与爆点从下而上共同组成。功能是产品的基础，企业必须为消费者提供最基础的产品功能，产品拥有基础功能，才能为消费者解决问题。效率是指产品的竞争力，企业必须保证所生产的产品拥有与众不同的竞争力，如你的产品比市场上的产品优质低价，或是能够更快速解决消费者需求等。处在金字塔顶端的爆点才是企业真正能甩开别人的关键，创造出产品爆点，企业的产品将具备远超其他产品的优势，消费者将成为企业的追随者。

第二个逻辑：找到让消费者不买就会"死"的终极痛点。

产品能够解决消费者越多的痛点，就能获得越多的市场。我们不难发现，市场上存在许多这样的产品，在前期通过抓住消费者痛点与市场需要得到飞速发展，但很多时候这也成了其发展的顶峰，再往后很难实现突破。这就说明了产品并没有真正抓住消费者终极痛点，没有让消费者产生"非他不可"的购买体验。

那么该如何找到终极痛点呢？首先要重新做市场与消费者调研，为产品上线做充分的准备。市场调研时要从多方面进行，精准把握国内外市场动态及其他同类型企业的产品研发，准备得越充分，产品生存时间就越久。其次，重新预测市场规模。碎片化信息时代下，许多创业者在做市场规模预测时有时间短、调查人群不够广泛等问题，很容易凭借感觉就迅速投入生产，产品投入市场后却发现并没有想象中好卖。因此，越是在重压之下，就越要做好市场规模预测，不怕慢，就怕一发不可收拾。最后，重新定义消费者痛点。挖掘消费者终极痛点是一个十分复杂的过程，有的痛点并没有多大的市场，有的痛点不足够痛。其实现在的消费者痛点早已被挖掘得所剩无几。此时，终极痛点应该是消费者的深度需求，而不是营销团队自我想象的虚假痛点。

当企业成功找到消费者的痛点并感到自己能够完全理解他们的需求时，终极痛点往往就显示出来了。加之以上的调研与预测，消费者感受到你的产品能预知他们的需求，满足他们消费需求，同时又有新鲜的用户体验，愉悦的消费体验与货真价实的产品会让他们"非你不可"，消费者会买你的单。这就是终极痛点的寻找方法。

第三个逻辑：确保制造的产品爆点很难被模仿。

在现在的市场中，每天出现的新产品真的太多了，如果没有一个很难被模仿的特别之处，会很快消失在市场中。因此，企业要确保所创造的产品爆点是不可替代的，很难甚至不会被模仿。一方面，产品爆点是创新，不是模仿。想要不被模仿，就要做到不模仿别人。模仿其他产品的做法相较于自己创新是比较简单的，但既然你能模仿别人，消费者在你这儿就无法获得独一无二的产品体验，那消费者凭什么不会选择其他产品呢？另一方面，一旦你被竞争对手找到你产品具有被模仿的可能性时，你所谓的"爆点"就只能变成产品最常见的功能，不再具备竞争力。因此，企业势必要确保制造的产品爆点很难被模仿。

洞察爆品产生的顶层逻辑，是企业打造爆品的基础与前提，只有弄清楚爆品之所以成为爆品的原因，才能使企业对症下药，为打造爆品做好准备，否则故步自封只会被市场淘汰。

✧ 打造爆品的杀手级策略：做让用户"疯传"的爆品

打造爆品如今已经成为每一个生产企业的共识，拥有一款爆品就相当于企业拥有了通往未来的捷径。对于企业而言，可以理解为一种品牌效应，爆品打造得好，品牌就传播得广。

打造爆品必须遵守四大策略：市场分类策略、目标精准策略、产品优质策略、迅速引爆策略。

市场分类：分清主次，抓好重点。

作为承载产品的平台，市场是企业生产产品时的重点关注对象。传统企业在进行产品的市场营销时，通常会大范围、全渠道地一起上。现在如果还这么做，就如同大海捞针，一个消费者都不见得能抓住。因此企业应在进入市场时就要卡准渠道，一方面通过分清主次市场，让产品在一开始就有效切入目标市场，减少不必要的试错。另一方面做好线下与线上的合理分配布局，不是所有的产品都适合线下线上平均分配，这需要企业认真布局。

目标精准：锁定目标，找对靶心。

目标精准指的是锁定目标消费者，迅速抢占消费者心智。心智是指一个人的心思与智慧，消费者的心智就是消费者对产品及其价值的理性看法。

在同质产品泛滥的时代，企业的核心竞争点是击中消费者的心智，你的产品能够获得消费者认同，能吸引消费者，你就赢了。有三个方法可供参考：一是捕捉消费者心智的敏感点与兴奋点，二是寻找产品与消费者之间的诉求共同点，激活消费者信任感，三是借助产品的闪光点赢得消费者的期待。

总而言之，企业一定要用最精准的方式抢占消费者心智，不做第一，只做唯一。

产品优质：是基础，也是关键。

产品是企业的武器，创造产品就是打造企业生存与发展的利器。传统企业生产产品时会存在大范围撒网的问题，即产品种类多，就连单品都有几十件甚至上百件，虽然规模提上去了，但很少能找到一件优质、精致的爆品。如今已经不再是以量取胜的时代，企业应注重挖掘产品的核心价值，打造产品时应注重口碑与传播效应。产品能够被传播，才能成为爆品。

产品口碑是最有效的传播方式，好口碑如何而来？答案是做好产品的核心卖点，超越消费者心理预期。例如，市面上的饮品种类繁多，其他人想要进入饮品领域好像显得力不从心。但是，蜜雪冰城就做了一件事，超越了消费者预期。蜜雪冰城的柠檬水只要 4 元，但味道可以媲美十几元的大牌子。他们做产品就是质优价廉，人均消费 6 元，却能打造出超出消费者预期的产品，迅速获得消费者青睐。这样的蜜雪冰城在全国开了上万家，很难被超越，产品也很快就卖爆。

迅速引爆：快、准、狠。

任何新产品出现之后，都需要一定时间获得市场认可。企业打造爆品要快、准、狠，何把握时机，快速地将产品展现在消费者面前并引爆市场。快，是指企业要以最快的速度找对意见领袖，即产品的忠实粉丝。忠实粉丝对于企业而言是十分重要的，忠实粉丝能够为企业带来潜在消费者。准，是指企业精准的投放目标用户所在的渠道，赋能社交媒体。狠，是指企业用产品逐个引爆圈层后，再把每个圈层连接起来，从点到线，再从线到面，最终形成一个巨大的网，引爆产品。

通过打造爆品的四大策略我们可以看出，无论时代如何变化，想要打造爆品其实离不开产品本身，所以我们一定要用心打磨产品，把产品性能做到极致，把消费者体验做到实处，直达消费者内心的燃点与痛点，从而形成真正的"爆品"。

四 从卖产品到挖掘终身价值

市场当中最不缺的就是产品，产品的变化带来了市场环境与结构的变化。今天缺的不是产品，缺的是认可产品的消费者。

从产品发展的趋势来看，产品泛滥、客流量下滑将是一个不可逆转的长期趋势。产品仍会越来越多，消费者也会越来越挑剔。因此，企业要想脱离这种困境，就要转变思路，从卖产品转化到卖终身价值。

✧ 价值是入侵消费者心智的关键

如今是个多元化的时代，消费方式繁多、市场细分更加明显，加之大数据等技术的加持，使得消费者面临的选择越来越多，几乎时刻都在做选择。在这样的市场环境下，企业更加需要在第一时间就俘获消费者，入侵消费者心智，让产品成为消费者的不二选择。

我们现在定义产品的好坏，早已不单单只从质量上来看，消费者会更加关注产品价值。这时候，产品价值的作用就显现出来了，其能够为消费者提供产品的最准确描述，包括向消费者解释产品的优势、能够为消费者解决哪些问题以及产品的独特之处。

为什么要做产品价值，原因只有一个，做好产品价值能够让产品在消费者心中变得独一无二、与众不同，让消费者更多地购买和使用，从而获得成功。

做好产品价值，企业需要从以下几个方面着手。

第一，基于用户角度阐述产品价值。

过去企业以产品对中心，致力于以最低的成本研发出最好的产品，而现在应该是以用户为中心，需要从用户角度阐述产品价值。对此，企业应对目标市场与目标用户有着深刻的了解，从用户角度出发，做与用户实际需求相关的产品价值主张，关注用户利益。

第二，做好产品价值分析。

企业需要列出产品能够为目标消费者提供的全部价值点，包括产品的使用价值、有形价值与无形价值等。在这个过程中，企业需要建立一个"价值主张画布"，即产品价值主张与消费者画像，产品价值主张包括产品定位与产品的痛点，消费者画像即消费者的痛点，之后将二者之间的痛点对应起来，使目标消费者产生共鸣，才能让消费者信任你的产品。

第三，找到产品的优势差异点。

这里的关键点在于，消费者为什么选择你的产品而不是别人的产品？在此，企业需要列出产品的差异点，并从中正确寻找到产品的竞争力所在，即瞄准产品最具有优势的差异化功能。这个优势差异点可能是单一的产品功能，也有可能是一系列的产品功能。企业要避免一个误区，这里的优势差异点并非指为了解决消费者痛点的功能，而是指最能代表企业优势的产品特殊点。如果企业将重点放在非优势的产品差异点上，就有可能忽略企业产品的技术优势，从而只能选择降低成本来获取消费者，到最后反而会造成消费者的流失。

第四，追寻产品与消费者之间的共鸣点。

用户的共鸣点是企业立足行业的核心标准。企业要找到最能满足用户核心需求的点，以最高效的方式满足用户最核心的需求。企业要想精准有效地找到与消费者的共鸣点，就需要做好充分的消费者调研，从用户需求与竞品分析着手，直达消费者心智。

总而言之，产品价值就是消费者购买产品的理由。你能为消费者提供什么、解决什么问题、带来什么优势，这才是消费者选择你的理由。产品价值主要是产品的灵魂，好的价值，是产品成功的关键。

✧ 从产品价值到终身价值

终身价值指的是每个购买者在未来可能为企业带来的收益总和。简单来说，其所关注的重点是同一个消费者购买某件产品的次数，购买次数越多，意味着为企业带来的收益越大。

因此，面对越来越激烈的市场竞争，企业应充分挖掘客户价值，将其发挥到极致，从而增强企业的竞争力。用最直观的数字表示，就是让企业将产品卖给 1000 人转变为让目标消费者 1000 次进店购买，这样，企业就能摆脱产品难卖的困境，将目标转向增加终身客户，形成持续的购买力，最大化地创造客户终身价值。

如果你把消费者仅仅看成买或者不买产品的人，那么消费者的价值就会被模糊化。企业要获取更多的市场份额，就要挖掘每个消费者价值对企业更为深刻的意义——打造客户的终身价值。

客户的终身价值越大，赋能企业发展的可能性就越大，即便企业在前期发展中失去了一些利益，不必担心，这些暂时舍掉的利益在后期发展中会被弥补。

如何挖掘客户的终身价值？

首先，抓住客户的个性化特征。

你了解你的客户吗？你的客户最需要的是什么样的产品？

了解客户的特征就是精确地感知市场，进而根据客户的需求调整产品生产策略，让客户离不开你的产品。如果企业不了解客户的个性特征，那么很可能会出现以下两种情况：一是当一位新客户购买了你的产品，你不清楚他购买产品的动因；二是当某位忠实的老客户放弃购买你的产品时，你也无从了解他放弃的原因。

在这样的产品生产中，企业不认识消费者，也无法预估他们的价值。如果企业将核心放在客户身上，把客户份额作为企业衡量产品的最好方式，相当于在市场中推进了客户份额，把原来通过争夺市场提升销量转化为通过扩大每个客户购买量来提升销售总量。因此，只有精准地抓住客户个性化需求，了解他们的特征，才能为挖掘客户的终身价值提供方向。

其次，提升客户的忠诚度。

客户的忠诚度越高，他们能够为企业带来的价值越高，二者之间成正比。当企业在抓住客户的个性化特征之后，对客户已经有了更深刻的认知，也就能体会到不同的客户为企业带来的价值是不同的。例如，对于一个航空公司来说，商务旅客十分重要，因为他们每两个月至少有一次长途往返飞行，终其一生可以为航空公司带来超过 10 万美元的收入，但是那些非固定的飞机旅客，他们为航空公司带来的利润可以忽略不计。

忠诚度高的客户是企业稳定受益的主要来源。就如同我们看到的超市促销活动，更多的是针对一次性客户而言，很少能真的为超市带来丰厚的利润。因此，企业要把握住忠实客户，让企业获得持续的收益。

最后，制定适合企业的客户终身价值计算公式。

客户的价值由历史价值、当前价值、潜在价值构成。企业应在不同的场景准确把握客户终身价值的计算公式，分析出适合企业自身发展的方式，支撑企业进一步发展。

公式一：计算产品的平均销售额和产品每笔销售的利润，从销售额分析客户终身价值。即：销售额＝平均销售额 × 每笔利润 × 购买次数。通过年利润的计算，算出这个客户未来一年能够为企业带来多少利润，从而估算客户的终身价值。此外，在计算时需要结合客户的生命周期，让企业更精准地把握客户的利润贡献度，减少误差。

公式二：通过顾客事件预测法推算终身价值。打个比方，在成交的两个客户当中，所获得的赠品有多有少，此时，企业要明白，获得较少赠品的客户，他的终身价值是高于另外一个的。原因在于，这个客户并不是冲着赠品才购买这个产品的。因此，企业要清楚客户购买产品的原因，在第一次购买成交时进行预测，哪些因素促使客户购买产品，通过这些，推算客户的终身价值有多大。

公式三：从产品生产上推算终身价值。比如产品营销的好，客户的终身价值就大，因为产品的营销方式戳中客户的购买痛点，让他产生了购买欲望。再比如，你的产品质量远高于同类产品，能够为客户带来更好的购买体验，那么他追随你的可能性就越大，终身价值也就越高。你的客户如果只是通过铺天盖地的广告和免费的赠品吸引来的，那么他持续购买你产品的概率并不会很高，因为这批客户的持续价值很可能在你不提供这些产品赠品与宣传的情况下终止。

最后，客户的终身价值一定是后端发力，前期的宣传卖点带来的只能是寻求免费产品的人，他们不是企业重点关注对象。挖掘客户的终身价值，是企业长存的最优选择。企业一定要把重点放在长期客户的维护上，做好短期利润与长期效益之间的良好平衡，从而实现价值最大化。

如今，客户终生价值的作用更加凸显出来，正越来越广泛地被应用到企业商业模式发展领域，随着科技的进一步发展，企业掌握客户数据的方式越来越多且越来越完整，对客户行为的追踪更加细致，这对于企业挖掘客户的终身价值而言，是最好的时机。

第四章

重塑人才：组织发展，自运行机制

人才，是企业的重要资源、核心资本。尽管在人力资源愈发昂贵的今天，招聘与培养人才的成本不断上升，但更应看到，人才才是未来引爆 5G 智能商用价值的最重要因素。只要企业紧紧握住稀缺人才这一影响企业发展的宝贵资源，也就握住了颠覆自身命运的杠杆。

所以，5G 时代下如何吸引、选择、培育、保留最好的人才，如何创新构建组织人才体系，是企业人力资源管理中重要的一项职责。企业需要重新调整视角，重塑人才机制，打造行之有效的人才系统，以推动组织发展。

一　招人：德才兼备的将才

人类社会正在逐渐演变为智能社会，智能化背景下，充满了不确定性风险，面对难以想象的不确定性环境，如何抵御未知风险？应对未来不确定性的最好战略就是确定性人才。人才，是预防企业被击垮的重要力量。

一个企业的强大与否不在于其盈利的高低，也不在于其规模的大小，而在于其能否聚集全球优秀的人才为其所用。然而，纵观用人市场，"人才荒"的问题似乎愈演愈烈。尤其是疫情过后，整个人才市场似乎陷入了"招人难"的无限循环中，欲出而不得。

马丁·路德·金在 1968 年的话依然适用于今天："我们要面对现实，因为未来取决于现在。现在已经刻不容缓，在生命和历史留给我们的难题中，这件事情已经拖得太久，我们再也不能报之以冷漠和无动于衷，现在是积极行动的时候了。"在"人才荒"的现实面前，改变已刻不容缓，重塑人才机制，在多样化的时代，破除同质化的习惯，企业才能步入一种可持续的境地。

✧ 人荒，"红眼怪"真心发慌

全球经济下，一切要素都在被重塑，全球的人才模式同样在发生割裂式变化。人才正在改变世界的格局，人才争夺战愈演愈烈。任何一家企业要想得到快速发展，必须要有人才的支撑，人才是企业最大的竞争资本。然而，在现实的企业管理中，很多企业面临"人才荒"的问题，得不到真正的人才。

众多企业在招聘人才时遇到的最大的问题不是招不到人，而是招不对人。招不到人企业可以拓宽招人渠道，而招不对人，轻则浪费精力、财力，重则致使企业走向衰落。在美国硅谷流传着一句口诀：招人要慢，裁人要快。虽然硅谷吸引着来自世界各地的人才，但硅谷中的企业在招人上却慎之又慎。

其实，任何现象的产生都有其背后深层次的原因，企业招不对人也有其原因。

顶层设计不清晰。所谓的顶层设计主要是指企业的使命、愿景、价值观等，企业的顶层设计是整个企业的支柱，顶层设计不清晰，便无法制定统一的思想标准与价值观念，对于人才的品质与思想的衡量便不准确，企业无法找对符合自身战略发展要求的人才。

人有择优性。所谓的择优性，也就是指人会在第一次与他人接触时，尽可能地放大自己的优点，也就是通常所说的粉饰自己。人与人之间千差万别，人心与人性是影响企业招对人才的重要因素。很多企业会遇到一个问题，在面试时，某个人的学识、资历、价值观等方面皆符合企业的标准，但真正入职后，却发现完全不一样。这是因为部分人会为了能够应聘上，而掩饰自身的不足，违背自身真正的价值观，经过时间的考验，其本性便会显露。

没有精准面试系统。面试是每家企业招人的必备过程，这个过程是面试者依据自身对人才的需求，进行人员筛选的过程，是知人心、懂人性的过程。但是很多企业，尤其是中小企业，面试者缺乏慎选的流程，在面试过程中，面试者也没有一套精准识别人才的面试方法，仅仅是依据基本的面试流程对应聘者进行简单询问。但就如同第二条所说，人会粉饰自己，如果没有精准识别人才的专业性方法，在具体面试过程中，面试者无法做到真正看穿应聘者，从而很难招到真正的人才。

✧ 德才兼备，顶尖标准

用人市场就如同一个大型竞技场，一切的战斗都是心战与实战的双重历练，企业需要在长期的招人实战中创造选对人才的条件。

华为：首选人才是岗位能力素养较高，核心价值观与企业匹配的人，如果一个人岗位能力素养高，但与企业价值观的匹配度低，那么华为不给予录用。华为的价值观是以客户为中心，以奋斗者为本。在华为看来，岗位能力素养对于工作效率固然重要，但价值观匹配更是人才融合企业的关键，价值观契合，才能与企业共进步，同发展。

万科：德才兼备，以德为先。这是万科对招选人才的首要原则，"德"指的是职业道德、职业心态，有德之人品行端正，在工作时会传播正能量，有利于传递企业价值观，推动企业文化建设与发展。

无论是华为还是万科，他们在招选人才时，无一不是将"德才"作为首要标准。如果将人才划分等级，那么，最高等级的S级人才就是德才兼备的将才。德指的是价值观，才指的是高能力、高成长。

德，是一个人最基本也是最宝贵的品性，是衡量人的关键要素之一，企业招选有"德"之人，主要是招选对企业的价值观有较高认可度与较高匹配度的人。因为，在第一章曾阐述过，企业价值观是最富含企业文化底蕴的定海神针，是企业商业行为的底线与准则。与企业在价值观方面匹配之人，才是能与企业志同道合，并肩作战之人。

S 级将才除了"德"，还必须有"才"。才主要看一个人的能力与未来的发展潜能。能力的背后除了有较深厚的专业和通用技能知识，还有丰富的工作经验和阅历。一个人的能力是可以在实践中磨炼、提升的，他们可以依据在工作实践中积累的经验，解决问题，创造价值。因此，判断一个人的能力，一看他的经验；二看他的知识结构；三看他的处理事情的能力。

李开复认为，一流的人才看潜力，所谓潜力，是指人才未来的发展空间，即高成长。成长依据个人，是一个可慢可快的过程，高成长的人在经验的宽度、深度及稳定性、开发分享等方面，展现出快速的学习能力，务实高效，比其他人有更快的职业发展。高成长意味着高效率，这样的人才具有巨大的潜力，其能够完全发挥自身的优势，提升自己的能力。

德才兼备的 S 级人才可以为企业创造高绩效，创造无限价值。企业只有招到德才兼备的将才，才能在商战中一往无前。其实，关于"德才"标准，除了德才兼备之人，还有无德无才、无德有才、有德无才这三类人，但企业在招选人才的过程中，一定要坚持"一用三不用"原则，即德才兼备之人重用，无德无才、无德有才、有德无才坚决不用，万不可放低要求与标准。

选人，重在选对，将才，事在人为。招对人才是企业实施人才战略的重要一步，在已知与未知的商业环境中，企业要有"一眼看到骨子里"的境界，大浪淘沙般地将"金子"人才淘出来，帮助企业创造价值。认准真正的人才，企业才能实现高效发展。

✧ 画像，心中有沟壑

有人说："企业管理的一切错误，都是从招聘开始的。"在招选人才过程中，如果企业不愿多花 3 个小时去招选人才，那么，未来可能就需要花300 个小时甚至更多的时间去填补因选不对人而造成的损失。

招人并不是简单意义上的选用人，而是解决问题，招到真正对企业发展有帮助的人，这也就意味着，企业人力资源必须秉承"慎选"的原则，知人心，懂人性，明确企业用人标准和需求，为企业匹配人才。企业人力资源要建立一套严谨的价值观评价体系和人才评判标准，在内心对人才"画像"，依据"画像"去考核和衡量人才，以招选出德才兼备的 S 级将才。那么，在实际操作中，企业应该怎么做呢？

"两会"标准定乾坤。

招选德才兼备的人才要通过"两会"的筛选与确定，即，前审会与复审会。"前审会"就是由人力资源主管与用人主管制定人员招聘计划，并根据企业的使命、愿景、价值观等，建立选人标准，对需要招聘的岗位进行细致化的"画像"，建立人才胜任体系。人才胜任体系的主要素就是"德、才"，"德"是价值观，是统一且固定的，"才"是能力与潜力，是需要人力资源主管依据价值观评价体系和人才评判标准去判定，也需要用人主管依据业务实际境况去斟酌。

"复审会"便是指在前期面试后，企业的人力资源主管与用人主管及总经理要召开一场"复审会"，主要是对面试过后留下的人员进行全方位的综合评估，更加全面、立体地判断应聘者是否适合竞聘岗位。"复审会"同样是从"德、才"方面对应聘者进行评估，人力资源主管与用人主管及总经理根据面试结果信息，阐述对应聘者的评价。这一过程，为明确显示合格率，可使用面试评估表。经过综合信息，判定应聘者的"德、才"率，从而判定其是否符合企业岗位标准。

"复审会"就相当于一个"网筛"，每一场"复审会"都是对人才的进一步评估，经过层层筛选，多维评估而留下的人才，必定是德才兼备的 S 级人才。

拦人"四道坎"。

所谓拦人四道坎，是指应聘者需要经历层层面试，闯过一道道"关卡"，才能抵达心仪的岗位。

第一道坎，人力资源主管。这一关主要分为两步，第一步是简历筛选，简历就如同是应聘者的"名片"，是企业了解应聘者的第一手资料。企业最好能设计一套针对性的简历模板，这个模板中包含企业想要了解的价值观、工作履历、职位变化、项目经验等重要信息，这些信息可以使有经验的人力资源主管第一时间评判出应聘者的稳定性、核心能力、成果、性格等多方面要素，从而通过对比筛选出最符合要求的简历。

第二步是面试。人力资源主管筛选出合适的简历后就可以通知应聘者面试。面试的过程，就需要人力资源主管依据"德、才"画像，对应聘者进行专业化的提问与考察。例如，面试时，"望"其精气神，通过观察应聘者的表情、语言、举止等看应聘者是否足够自信、积极。通过细致化的了解，进而对应聘者的价值观、能力等进行公正、合理的评估，判断应聘者是否是德才兼备之人。在这一关，人力资源主管对应聘者"德"的评估比例大约为 60%，对"才"的评估比例大约为 40%。

第二道坎，用人主管。人力资源主管挑选出合适的人并推荐给用人主管，用人主管则主要基于业务与岗位的需求，着重观察应聘者的"才"，看其是否能够创造高绩效。例如，用人主管在面试时注重"闻"其言，闻其言不是指面试者只听应聘者描述"战绩"的过程，而是要着重听其处理事情的方法与最后的成果，这一过程可以让面试者大致了解应聘者的专业能力、创造能力，从而在这一轮面试中，再次进行筛选，选出更加符合"德、才"画像的人才。在这一关，用人主管对应聘者"德"的评估比例大约为30%，对"才"的评估比例大约为70%。因此，用人主管可与人力资源主管进行一次"复审会"，将两次面试评估标准进行结合，进而依据综合信息进一步选出高级人才，并将综合信息传递给下一道"关卡"。

第三道坎，人力资源总监。人力资源总监依据"复审会"后的信息，在这一轮中再一次从"德、才"两要素出发，对应聘者进行审核。在这一轮面试中，不同于上两轮面试，人力资源总监要站高维度，以更高的层面与更新奇的视角对应聘者进行考察。例如，除了分析应聘者对企业价值观的认可度外，还可以站在行业或者国家的层面，考察应聘者的价值理念。这一关，人力资源总监对应聘者"德"的评估比例大约为70%，对"才"的评估比例大约为30%。而后，人力资源主管、用人主管、人力资源总监可进行一场"复审会"，综合信息，进行进一步的筛选。

第四道坎，用人经理。在这一轮面试中，用人经理要以"德才兼备"为核心，对应聘者的"德"与"才"进行同量级的评估。即，用人经理不仅要注重应聘者的道德、价值观等方面，也要注重应聘者的能力、优势、潜力。例如，用人经理可以在征得应聘者同意的前提下，与其前用人单位进行沟通，了解应聘者的离职原因、有无不良行为等情况。此外，还可以审查应聘者的相关证书。这一关，用人经理对应聘者"德"的评估比例大约为50%，对"才"的评估比例大约为50%。之后，四轮面试者再次进行"复审会"，秉承"用师者王"的原则，提高标准，招选出 S 级人才。

正所谓"千军易得，一将难求"，选对人难，选出德才兼备的 S 级人才更难，面试者一定要花费时间与精力，按照严格的流程与标准去招选人才，招选德才兼备的将才。

一家企业的人才队伍建设在一定程度上影响着其未来的发展速度与市场占有率，德才兼备的 S 级将才如同一座金矿，是企业最宝贵最稀缺的资源。这类人才一旦在企业中扎根，就会为企业创造出难以想象的价值，尤其是初创企业获得这类人才，即便未来路不坦、浪更急，其依然可以带领企业跨越沟壑，踏浪而行。所以，企业对人才的选择要坚守"慎选"原则，坚持"一用三不用"原则，招选出德才兼备之才，这样才能使企业效益提高，基业长青。

二　留人：提升人才管理能力

一场没有硝烟的人才拉锯战争正在悄然爆发！

全球经济发展似乎到了一个拐点，外部环境对企业规模化发展的加持效果不断减弱。在外部环境的"熵增"状态下，企业只能寄希望于内部的"熵减"，而能够实现这一变量的驱动力是"人"，是维持企业核心之力的人才。然而，当今时代，优秀人才的流失"黑洞"不断扩大，俨然成为企业管理者的头号危机。企业在新的环境下开始越来越多地"碰壁"，如何留人已是企业无法回避的难题。

这是一场没有硝烟的人才拉锯战，留住人才的残酷只有经历过的人才最懂。企业管理者要有重塑人才管理的决心，不断提升人才管理能力，善用人才，留住人才。

真正留人的关键在于"留心"，心在则人在。万科集团董事长王石曾表示，对待人才，最重要的是给予信任与尊重。有了信任与尊敬，才能留住人才。信任与尊敬是对人从人格上的重视，更是对人从内心深处的挽留。

✧ 人才暗流，留人无力症

未来遥不可及，未来扑朔迷离，但站在今日远眺未来，企业发展的关键路径依旧在人才。因此，企业要招得进人才，更要留得住人才，一个"留"字却道尽企业千般苦楚。

2020 年，世界经济萎靡，无数中小企业苦苦支撑也无法避免衰落的命运。这一年对众多互联网企业而言，同样是充满挑战、步履维艰的一年。字节跳动内外部面临挑战，高层换岗；京东内部变动频繁；百度中高层大规模晋升并设立 U 型奖金。

这一切行动的背后，人才的流失与调动是因素之一。

2020 年百度云经历大规模高管轮换，原百度云总经理尹世明及副总经理张志琦在年初相继离任。

2020 年 5 月字节跳动原企业发展高级副总裁柳甄离职，3 个月后，字节跳动原首席运营官与 TikTok 全球 CEO Kevin Mayer 宣布离开。

2020 年 12 月，京东物流原 CEO 王振辉辞去京东物流首席执行官一职。

企业人员流动其实是一件正常的事情，但核心人才的流失对企业而言是损失更是消耗。尽管诸如字节跳动、京东等企业在人才流失的同时，也有人才的补进，但面对竞争激烈的市场，人才的流失在一定程度上也会对其内部的稳定与发展产生一丝波动。

因此，百度为了降低人才流失率，稳固人才，开启了最大规模晋升，并设立 U 型奖金。

2020 年 4 月，百度晋升了一批中高层人员，而此次晋升是百度有史以来，最大规模的一次任命，晋升人数高达 54 人。这样大规模的晋升则源于 2019 年百度总监级人才流失严重，因此，百度不得不晋升人才，一方面填补职位空缺，另一方面以求留住核心人才。

2020 年，百度的市值从年初 123.560 美元／股的股价涨到年末的 216.240 美元／股，市值涨幅近两倍。百度市值上涨的很大一部分原因在于人员职位的晋升，这一举动不仅稳固了核心人才，更是激发了人才的积极性与创造性。

除了高管晋升外，百度在 2020 年年末宣布向司龄满 2 年且愿意在百度长久发展的所有正式员工发放一笔特别的"U"奖金，发放金额是 2020 年 12 月的月基薪 50%，并随 2021 年 1 月发薪日发放。

百度为了留住人才开启大规模晋升渠道并设立"U 奖金"，这看似人工成本提升的背后，是长久的效益创造。

据相关数据显示，人才的离职频率正在逐渐加快。很多企业家经常会发出这样的疑惑："公司明明有很好的发展前景，为什么就是留不住人？"留不住人，是企业在人才上遭遇的最大窘境。从企业高管、职业经理人层面而言，他们离职的背后是索然无味的重复性工作，是乌烟瘴气的"玩政治"内斗；从职场新势力的 90 后、95 后层面而言，看似无欲无求的背后是渴望实现自己的价值，他们不想墨守成规，不喜欢没有变化的挑战，简单且没有技术含量的工作难以满足他们内心的自我成就感。

其实，无论是哪种情况，最主要的症结是人才的价值创造空间受到了限制，人才发展失去了"弹性"，其不得不"逃到"外面的世界去获得新生。所谓人才发展"弹性"，指的就是人才在企业中的发展所能触及的边界与范围，如果人才在企业中的价值创造空间很大，纵深发展边界广，那么，留下是必然的选择。因此，企业要想留人，就要学会合理、灵活管理人才，给予人才绝对的价值空间。

就如同任正非所说："人才不是华为的核心竞争力，对人才进行管理的能力才是企业的核心竞争力。"企业要有招到人才的本事，更要有管理人才、留住人才的能力。

✧ 破解"留人难"的伪命题

有人对 700 家企业约 1000 多名员工进行了调研，询问员工愿意留在一家企业的原因是什么。90% 的员工表示是升职的机会，学习、成长和发展的空间；75% 的员工表示团队优秀，协作力强；60% 的员工表示薪酬合理；50% 的员工表示良好的工作环境和企业文化。可以看出，发展空间大、团队优秀、薪酬合理且具有良好企业文化的企业可以在很大程度上留住人才。

企业留得住人才，企业组织才能促使内部核心团队更加稳定，业务在市场中的发展更加持续、顺畅。企业管理者一定要明白，人才资源的争夺是企业市场竞争的核心之力。人才的创造力、成长力与自信度是非常之高的，在价值创造的流程逐渐趋于简化和直接的时代，员工越来越多地成为经济效益的直接创造者。因此，企业留人一定要看透本质，直击痛点。

使命、愿景和价值观的共识。

华为 CEO 任正非说："要相信人的内心深处有更高的目标和追求，愿景、价值观、成就感才能更好地激发人。"内在激励远远比外在激励的影响更加深刻。思想决定行动，一家企业的使命、愿景、价值观的战略设计决定了其未来的发展方向，企业要通过建立正确的使命、愿景与价值观构建一座"留人的城"。使命在于感召与凝聚人心，它是一种承诺，一种立场，一种责任；愿景代表着企业管理者最终的梦想，它是一种驱动、一种潜能、一种路径；价值观是企业的行为准则，代表着企业的品德。企业用使命传达一份事业，用愿景制定一个目标，用价值观规划一条底线。这三点一旦得到员工认同，产生共识，他们就会产生归属感，保持对企业的希望与忠诚，永远追随企业，与企业共同发展。

为员工"画饼"。

"画饼"在这里并不是指企业管理者向员工空口无凭许诺大话，而是指为员工设计一条合理的晋升路径，让员工看得到自己在企业中的发展前景。有好的升职机会，大的成长与发展空间是员工留在一家企业最根本的条件。在一家企业中，如果员工看不到升职的通道，一抬头便是"天花板"，那他自然不愿留下来。

企业可以建立人才梯队，一般很多企业都会建立自己的人才梯队，从初级到高级，每一级都有更加详细的分化。其实，建立人才梯队并不难，但企业需要注意的是人才梯队建设要有序、健康、长期进行，不要半途而废，让这一机制沦为形式。

建立有序的人才梯队，能让新员工在熟悉业务的同时，尽快融入公司文化，让老员工看到清晰的晋升路径。不去虚空地画大饼，才是公司留人的资本。

所以，企业管理者要直击员工内心，搭建和设计员工晋升通道，让员工看得到希望，看得到未来。

让专家做专家的事情。

"术业有专攻"，让专家做专家的事情。企业要留住人才，就要有明确的分工，将合适的人放到合适的位置，如此才能发挥其最大的优势。对于企业而言，尤其是招选到德才兼备的 S 级人才的企业，通过搭建班子来组建企业的重要机构，让 S 级人才站在最能发挥其效用的位置，才能让其绽放光芒，获得满满的成就感，增强其荣誉感与归属感。如果企业无法用人所长，那么，即便招选到 S 级人才，也无法留住，只能眼看其飞向别的巢穴。所以，企业可以通过比赛的形式对人才技能进行细分，发现、挖掘其最擅长、最精细、最自信的优势、天赋，并将其放在相应岗位上，让人才被最大限度地"用起来"。使不同类型的人才各尽其能是人才管理的精髓，也是人才管理的最高境界。

建立独特的人才价值主张：人高于一切。

人才管理不是要限制人才，约束人才，真正的人才管理是提升人才的自由度，以人为本，让人成为工作的支配者，而不是奴隶。留人，就要建立独特的人才价值主张，即人高于一切。"人高于一切"的价值主张的核心就是将人放在首位，始终以人为本。具体体现在两方面：一是尊重，企业管理者要从内心尊重并关爱员工，不自持权力大而仗势欺人，将自身放在与员工同等地位，坚持绝对平等。二是放权，企业要懂得，只有给予员工在其工作时间、工作方法等方面的控制权，才能更好、更高效率地完成任务。

坚持"人高于一切"的价值主张，会在企业内部形成轻松、愉快的环境，可以让员工保持舒畅、快乐的情绪。因此，企业管理者始终坚持"人高于一切"的人才管理理念时，所营造的文化和环境才会留住"金凤凰"，更甚至引来"金凤凰"。

用合理薪酬留人才。

什么是合理的薪酬？就是根据行业、职位而确定在市场中的平均月薪，制定出的可浮动月薪。对于大多数员工来说，最值得留在企业的就是收入能不断增加。制定薪酬是一门技术，有弹性的薪酬才能激励员工挖掘潜能，不断奋进。企业管理者要懂得如何利用薪酬留人，薪酬的核心价值在于驱动力，只有高薪酬、高绩效，才能驱动员工努力工作，达到激励作用。

有一则漫画充分诠释了薪酬激励人才的道理：有甲乙两名员工分属于

两家企业，甲、乙坐在桌子前不停地签合同，他们的身后站着企业老板，随着员工所签合同的增加，老板手中的钱也不断增加。但甲员工分到的钱越来越多，而乙员工分到的钱越来越少。最终，乙员工愤然离开，其身后老板的手中的钱逐渐减少。而甲员工一路晋升，其身后老板手中的钱仍不断增加。

企业管理者应该懂得企业利润总额的增加永远比单次利润更重要，做好薪酬激励，员工就不会想着离职，员工才能有动力持续为企业创造更大利润。

任何伟大的组织都是人才的集合，高绩效的人才是企业长远发展的奠基石。人才流失是企业一大痛点，流失的背后是企业一系列的损失。留人是一门艺术，企业要在人才资源竞争激烈的今天，留得住人才，守得住宝藏。但企业要懂得留能留的人，不是所有人才都值得留下，就如同董明珠所坚持的原则："无论什么时候，我们一定是以企业为中心。任何人不能为企业服务，甚至破坏性的，必须走人，没什么商量。"

留值得的人，才是企业最好的留人艺术。

三　育人：搭建人才管理平台

真正懂得管理的企业家，在企业发展过程中，会将大部分的时间花在人才管理上，而不是业务量上。

过去 40 多年，中国大多数企业的发展主要依靠外部力量，即市场上的需求。但今天，在市场红利消失殆尽，低增长成为新常态的经济环境下，想要依靠市场驱动已是不可能。现如今，人才队伍才是企业成败的杠杆因素。

有些企业发展到一定程度，往往会遇到成长的困惑，困于瓶颈，努力挣扎也无法摆脱。这是因为，企业长期采用粗放式经营与管理，缺乏留住人才、培育人才的机制，落后的经营和管理制约了企业的发展，让其困于囹圄，不得其法。

人，是企业实现弯道超车的"发动机"，员工的成长需要经过科学、合理的培育，需要企业搭建人才管理平台，为培育人才构建扎实的"土壤"。

✧ 活力之源，蓄积人才池

松下幸之助曾经说过："企业之道第一是培育人才。一个优秀的管理者总是不失时机地把对人才的培养和训练摆上重要日程，培育人才是现代社会背景下的'撒手锏'，谁拥有了它，谁就预示着成功。只有傻瓜或者自愿把企业推向悬崖的人，才会对培育人才置若罔闻。"企业确保生命力的重要着力点就在于坚持以内生培养为主的人才开发模式。

高素质人才队伍是企业稳固竞争力的关键资本早已是不争的事实，企业管理者始终保持着一个终极目标，即将企业打造成一个人才济济的地方。实现这一目标就要做到人才无断层，形成人才磁场。而这就需要企业构建人才培育机制，内生人才。

2020 年，珠海格力电器股份有限公司（以下简称"格力"）二、三月份的空调销售量几乎为零，业绩严重亏损。即便如此，格力依然在招聘上投入了大量的时间与精力，招聘了约 5000 名新员工。

对于这一举措，格力董事长董明珠表示，制造型企业必须要靠自主创新才能保持优势，而自主创新的主体是人，是有创新能力与思维的人才，人才必须企业自己培育，这个过程至少需要 8-10 年的时间。人才培育是长期性战略，如果不在早期着手，后期就会出现人才储备不足，形成人才断层，所以付出是必须要做的。

很多企业管理者明白一个现实的道理：人才，自给方能自足。企业内部培育人才，以内生补内缺才更加稳定。当下，企业培育人才主要侧重于两种模式，一种是"高绩效"人才，一种是"高价值"人才。

"高绩效"人才简单意义来说就是可以完成高 KPI，为企业创造高业绩的人才。"高绩效"人才对工作具有一种强烈的、真实的兴奋感，是因内在的兴趣、使命、成就感而做事，他们信心十足，在被动局面下也会积极应对。

培育"高绩效"人才的关键就在于活力与激情，在于找到其内在的驱动源，如引导人才专注挑战标杆，以激发人才自身持续的驱动力。因此，企业要通过不断激发员工的兴趣，打破员工的极限，激发其顶层驱动力，实现对于员工的培育。如此，员工才能不断获得满足感，持续升级，从而逐渐成长为"高绩效"人才。

"高价值"人才是指具有综合发展潜力，可通过创新为企业创造巨大价值的人才，其不仅具备专业知识技能，还具备高水平的职业素养，这类人才一般会以高层领导标准进行培育。如果一名员工在刚刚进入企业时，自身的价值只有 50 分，在进入企业三四年后，他的价值是否能增加到 80 分、90 分，甚至 100 分，除了员工自身的努力，还要看企业是否制定了科学的人才培育战略和体系。

培育"高价值"人才，可以从两方面入手：一方面是把握"高标准"，优秀员工与一般员工相比，其自身所具有的价值相对较高，所以，得到"高价值"人才的一条捷径就是坚持"高"选人标准。另一方面，培育"高价值"人才，就要抓住核心潜力与技能，重点突破，拒绝框架与束缚，尽可能地激发人才的潜能，从而使员工不断成长，持续增值，产生价值贡献。

众多大企业尚且在人才拉锯战中"你争我夺"，中小企业要想占据人才，摆脱人才断层的困境，更不应该把人才培育仅仅停留在"重视人才"的口号上，或只做几次简单的培训，而是应该执行有力，将培育人才付诸实践，放到一定的战略高度去重视与规划。

以优培优，企业应制定科学的、与自身企业发展相匹配人才培育战略，培育出一批忠于职守、勇于创新、能力突出、堪当大任的人才队伍。最终，伴随着员工自身价值的增值，企业也会不断升值，厚积薄发。

◇迷失，人才培育"四宗罪"

企业的人才培育投入大，收获小是众多企业面临的一个共性问题。通过搭建人才管理平台，确立人才培育系统是企业为员工提供学习的最佳路径。很多企业认识到人才培育的意义，也愿意投入时间与资源去提升人才价值，但却不懂人才培育的真正含义。雪上加霜的是，外部市场竞争愈发白热化，迫使其忙于应付外部"战争"，将自己的眼光禁锢于当下，而不是布局未来人才体系上，从而犯下一些低级的错误，我总结为人才培育的"四宗罪"。

一宗罪：错将培训等同于培育。

很多企业管理者会有这样一种感觉，自己每年花不少钱将员工送出去培训，或者请专业老师到企业上课，但是却仍然挑不出可担当大任的人才，这就是因为他们将培训等同于培育。

培训是一次性的过程，只是选择一些突出问题或者重点为员工讲述。而培育是持续性的体系，是围绕具体目标对人才作出的整体性培育计划。例如，挑选一名有能力的员工，有计划、持续性地培育几年，而后他达到最初所预期的能力或职位，这才是培育。培育是体系化的，从最初的选人便开始了，企业要选择出值得培育的人才，而后计划培育需要多久，分为哪几个阶段，每个阶段的培育内容与形式是怎样的，谁来负责培育。培育是一套科学的体系，能够保证人才产出的数量和质量。

二宗罪：只看次数不看效果。

很多企业管理者想当然地认为，员工进行了多次培育就会提升能力。

其实，这是很多企业管理者的一个通病，就是只看次数不看效果。很多企业管理者听到培育的次数与人数很多，就非常满意。殊不知，参加不是参与，即便组织次数很多，但员工没有真正参与其中，也难以有培育效果，无法真正做到提升员工各方面的能力。企业要的不是培训率，而是高绩效人才的产出率，只看次数不看结果，根本无法真正培育出一个人才。员工只有全身心参与其中，以成果为导向，才能提升自身的价值。

三宗罪：没有耐心，急于求成。

有的企业管理者想当然地认为，自己在培育人才上做了投入就会立刻有产出。这是一种错误的观念，收获粮食尚且需要一个过程，更何况是人才。人才培育不是一场闪电战，而是一场持久战。人才培育是个长期、持续性的过程，没有什么人才可以一蹴而就。企业要想拥有自然成熟的人才，需要时间、精力、资源共同浇灌的，经过长期培育，才能得到真正的人才。企业管理者如果没有长期培育人才的耐心，短时间内求成，得到的只能是徒有一层"金壳"的人才。

四宗罪：认为员工是最大受益者。

很多企业管理者在人才培育系统的建设过程中，会将员工视为这套体系下的最大受益者，从而为了不过多消耗企业在培育体系上的投入，尽量从简。员工是培育体系下的受益者固然没错，但人才培育体系是企业为自身发展所作出的战略规划，员工其实只是承载者，如果企业管理者做好从战略到人才培育的一条线设计，最终得益的是企业。

人才培育"四宗罪"是很多企业管理者会有的人才培育误区，也正因此，企业才无法通过这一过程得到真正的实用人才。企业管理者要明白，培育人才是一个长期的过程，只有做到有计划、有系统的培训，人才培育战略才能实现最优化。

✧ 金色智慧，搭建人才"房间"

猛将必发于卒伍，宰相必起于州郡。通过自己培育人才，相较于"空降兵"，更能筑牢人才根基。所以企业一定要将人才培育战略放在企业发展战略的重要位置，以充满使命感去做"育人工程"，形成一套有效的人才培育体系，搭好培育人才的"房间"。

第一层房间：搭建好人才培育体系。

人才培育体系的搭建是首要任务，企业要对培育对象、培育内容、培育形式做出系统、整体的规划。首先要选出"对的人"，培育高效率人才，是从选择对的、合适的、高潜力的人开始的。其次要整理出"对的内容"，因材施教是育人的核心原则，培育人才聚焦于关键能力，要针对未来目标将能力标准、核心激励等形成培训内容。最后是"对的方式"，培育模式在培育人才过程中是至关重要的，高绩效人才的培育不能仅仅是纸上谈兵，而需要创新和变革培育模式，让员工真正具备上战场的实力。这三大基础培育体系，是人才培育的核心。

第二层房间：做好内部培训。

将一次培训变为终身培训是很重要的培育人才机制，企业管理者要以一种投资的心态对待人才培育，这是一个双赢的局面，以员工为中心，以培训目标为阶梯，搭建人才体系，让人才发展更加全面化、专业化，从而使培育的人才达到既定目标，为企业创造更大效益。

第三层房间：把握好培育时机。

很多企业在需要人才时，才开始人才培育，为时已晚。人才培育是一个长久的过程，企业管理者不能现要现培育。因此，企业要把握好培育人才的时机，而对时机的把握就要求企业管理者对企业的发展有整体性规划。

例如，企业准备几年后开分店，几年后要做组织调整等，有了整体的规划，才能更好地为人才培育留出足够的时间，也可以在足够的时间里，尽可能完善育人计划，在培训层次、培训能力等方面、分析改进，确保"对象合适、内容适合、组织有序、效果理想"。

第四个房间：做好人员的配置使用。

俗话说"一个萝卜一个坑"。在人才培育过程中，企业要做好人员配置与协调。人员配置是一项复杂的工程，要求企业对每个培育人员的素质、特点、能力等有详细的了解，并针对这些要素进行培育安排。否则，最后很有可能导致员工的能力没有被充分地挖掘出来，从而大材小用，造成人才的浪费，对人才培育不利。

"致治之要，以育才为先。"人才培育是企业蓄积人才池，搭建人才梯队的着力点。企业遭遇人才困境并不在于招不到人才，而在于培育不好人才，企业不可能一直从外部招聘人才，"空降兵"虽然便捷，但"本地兵"更加忠诚，更加熟悉企业的运行与发展。从企业内部选取人才，精准培育一批"领军"人才、"中枢"人才，企业才能筑造人才高地，不断创新，创造更多价值。

四 合理薪酬激励"快牛"

企业管理者是否在离职的员工口中听到过这样的心声：

"我每天加班到深夜，到手的工资却无法匹配上我的付出！"

"一个新来的员工为什么比我的工资高？"

"我有能力，熟业务，但工资就是不涨！"

"有人每天很闲，拿着高工资，而我累死累活，工资还不如别人一半！"

……

职场生活，不患寡而患不均。这样的离职理由在众多企业中反反复复，却依然无法改变企业薪酬制度的运行模式。历史总是在重复，流失员工的企业中从来不缺乏洞察其中因素的人，可惜他们没有行动与革新，没能帮助企业自纠自救。

我们应该庆幸，这是一个最好的时代，各地人才辈出；我们也应该忧患，这是一个最具挑战的时代，多地人才争夺战持续升级。人才流动的背后是薪酬的驱动，薪酬是引导人才流动、改善人才配置的重要杠杆。

合理薪酬激励"快牛"。"快牛"是高能力、高成长的人才，他们是企业中最具能量的驱动力。薪酬管理作为企业人力资源管理的重要组成部分，是吸引优秀人才，降低人才流失、激励人才的重要手段。企业要想招到人才、留住人才，最主要的就是重塑人才模式，从人们最注重的薪酬入手，改善自运营系统，追求薪酬的内外部平衡，在人才争夺战中建立一个合理完善的薪酬管理制度。

✧ 闯出丛林的宿命

华为一直以来都在以一种"慢跑精神"持续增长，在这瞬息万变的时代，华为似乎并不受大影响，一直保持着自身的速度。尤其是在众多企业经历人才流失阵痛时，华为也依然平稳前行，其中的关键性秘诀就是科学、合理的薪酬管理制度。

走出丛林内围：内外激励。

华为的薪酬构成分为两部分，即外在激励与内在激励。外在激励是众多企业常规性的薪酬标准，包括基本工资、奖金、津贴等全面薪酬；内在激励则以非物质为主，从精神层面提升员工的积极性。例如，培训发展的机会、公平透明的机制等。而在华为最特殊、对留用人才具有重要作用的薪酬设计项，便是人们皆知的"员工持股制"，这是华为薪酬设计中体现"以人为本"理念的关键。此外，华为内部股的发放配额并不是一成不变的，其会根据员工能力、责任心、创造的价值、风险承担度等因素做动态调整。

突破丛林外围：超出平均水平。

在薪酬标准设计方面，华为也保持着市场同类行业薪酬平均水平的中上水平。据调查，超过50%的企业会将薪酬水平保持在市场薪酬平均水平的中度位置，即50分位值左右；约30%的企业会将薪酬水平保持在50分位值到70分位值之间，这类企业在吸引、留人方面具有较好的优势。而华为的薪酬水平则高于75分位值，正如任正非所言"重赏之下，必有勇夫"，华为所制定的高薪酬水平也让众多优秀人才感受到自己价值被肯定。

终见丛林边缘："差别对待"与绝对公平。

在薪酬的一致性与公平性方面，华为的薪酬制度保持着合理与公正。首先，薪酬的一致性，很多企业在制定薪酬制度时，会针对所有部门或级别，采用一样的薪酬架构体系，这种无差别对待的薪酬制度，不会激发出"快牛"，只会养出"慢牛"，员工会觉得干多干少都一样，这对于具有技能的人才而言，会消磨其积极性。华为在薪酬体系上，采用"差别对待"，会依据运营类型、部门划分、当地政策或环境等，实行薪酬不一致体系。尤其是研发部门，作为华为的核心部门，其薪酬结构设计便与其他部门不同。

其次，华为的薪酬制度也保持着绝对的公平性。华为的薪酬分配主要根据员工所创造的价值以及个人的能力、表现，并且华为还会公开透明化，会将员工为企业所创造的价值进行公开展示。如此，不仅可以让员工明确奖励的合理性，还可以激励员工，使每个华为人明白只要通过努力奋斗，在工作中增长才干，就会获得奖励甚至职位晋升机会。

任正非说："我们在报酬方面从不羞羞答答，坚决向华为优秀的员工倾斜。"华为以科学、合理、精确的薪酬设计驱动人才，不仅可以从外部吸引人才，对内部而言，更可以稳固人才、激励人才。华为的薪酬设计可能并不适用于其他企业，但其中所蕴含的深意值得企业借鉴，合理、公正的薪酬制度才能使企业在"人才之战"中拉开差距，形成张力。

在团队工作中，对优秀人才的激励要及时、合理，不公平感源于付出与回报价值的衡量对比。薪酬制度是企业最基本的运营要素，这小小的一环却连接着企业蓄力人才，激发员工潜能，使员工管理与企业命运共同发展的大机制。所以，企业要警惕"劣币逐良币"现象，从自运营体系出发，以科学、合理薪酬制度为着力点，吸引人才、留住人才，在人才竞争战中突围。

◇ 技能付薪，价值的证明

知识经济时代，人才作为社会的一大资本，正在不断升值，而薪酬制度是人才资本升值最形象、最直观的展示。薪酬管理是企业管理的重要组成部分，对吸引、保留和激励人才有着重要的作用。但企业在制定、革新薪酬制度时，一定要谨记，重塑人才模式的着力点在于为技能付薪，而非岗位。

当下，企业在制定员工薪酬水平的过程中，主要依据管理水平、工作性质和劳动力市场上工作的薪酬水平。但很多企业在付薪资时，却是将岗位放在首位，即依据岗位付薪资。岗位是企业付薪资的重要因素，但却不是首要要素，企业管理者需要明白，在劳动市场上，有价值的是人，而非工作。因此，企业要想吸引、留住和激励技术型人才，便不能只看其负责的工作，而是要根据其技能所创造的价值支付薪酬。

当然，如今大多数企业会对技能型人才支付其基于技能的薪酬，但这并不是市场中所存在的默认规律，一些企业的员工工资仅仅基于他们拥有的专业知识类型，而不是他们的专业水平。要知道，技能型人才的价值便在于其所具有的技能上，而这样的人才所处的岗位也许微不足道，如果企业仅依据岗位付薪，最终损失的将不仅仅是一个技能型人才。

在一些员工参与性较强的工作中，企业应该以员工所具有的技能类型与水平决定其薪酬，而不是依据他们当时所处的某个职位。如此，员工才会愿意进一步提升自己的技能。这是建立以技能为基础的薪酬体系有效性的重要一步，这种制度打破了传统的以岗位为评估的薪酬体系，使得个人技能价值得以提升，员工也会因技能被重视而获得更大的成就感，从而为企业创造更大价值，实现效益最优化。

以技能和知识为基础的薪酬体系是企业获得市场竞争优势的重要一环，向最有技能与价值的员工支付高于市场水平的薪酬，以吸引、留住他们，让他们更忠于企业，从而降低人才流失。

◇ 冰冷刀锋四步法

在市场经济条件下，企业的竞争其实是人才的竞争，而立足人才竞争的关键是留得住人才，企业重塑人才模式的关键就在于从自运营角度着手，调整薪酬制度，合理薪酬制度设计是企业人才管理的重要一环，而企业要想制定合理、公正的薪酬体系，要懂得四步走规划。

第一步：坚持人性化原则。

人是企业的主体，薪酬制度的制定与重塑的根基就是人，要做到公平、适度、平衡的薪酬制度，就要坚持人性化原则，以人为本。毕竟，一家企业的员工是多元化的，薪酬制度中所设置的奖金、福利等要充分考虑员工的多元化需求，如果一味"一刀切"，不仅失去了奖金、福利等设置本来的意义，更可能会让员工厌烦。

第二步：给员工市场最高水平薪资。

一家企业薪酬水平的制定会考虑内部与外部因素，即企业薪酬策略与市场薪酬水平，根据这两方面因素，设定最低水平与最高水平，而后尽可能地向最高水平靠近。当然，并不是所有企业都有资本与能力负担起市场最高薪资水平，那么，就选出最具有潜力，可以在相对较短的时间内，为企业创造最大效益，提升企业整体市场价值的人才，给其市场最高水平的薪资。企业不用担心付出与收获的不对等，因为值得市场最高薪资水平的人才，会为企业创造巨大效益，实现业绩倍增。

第三步：进行薪酬测算。

当企业给出员工市场最高薪资水平后，要基于确定的薪酬水平和员工人数对薪酬总额进行测算，而后制定针对员工的薪酬增减水平，要在合理的范围内做到员工薪资的增减，不能出现较大幅度的偏差。因为偏差过大，就会形成明显的薪资差异化，从而形成不公的薪酬制度。

第四步：调整薪酬体制。

很多企业在制定薪酬体制时，会制定密薪制。一家企业中，薪酬是人们最关心的一件事，企业设定密薪制就是为了设定薪资差异化，但薪酬发放并不是密不透风，总会有人知道薪资差异，而且越保密，越会在员工心中形成自己薪资低的既定印象。很多企业认为薪酬透明化不利于稳固人心，其实，企业要稳固人心，就需要做到薪酬透明化，如果企业的薪酬制度公平、公正，那么信息开放可以让员工看到薪资差距，尤其是当薪酬差异有强有力的价值依据时，员工更容易明白自己应该努力的方向。

合理、透明、公正的薪酬体系不仅能够激发员工的积极性，更能激发员工的潜力，而且还可以吸引人才、留住人才。对于企业而言，是在日益激烈的市场竞争中建造一支高素质人才队伍的重要支撑力。其实在人才竞争持续升级的境况下，企业立足的基点在于重塑人才模式，从自运营体系出发，创新薪酬制度，改革薪酬管理，为企业吸引优秀人才，弹性发展。

第五章

重塑用户：以用户为中心，成就用户

对于企业而言，经历了从无到有、从小到大、从弱到强的艰难而痛苦的蜕变，方能成长，方能真正走向成熟。而在这一系列的蝶变过程中，用户起到的作用毋庸置疑。因此，从一定程度上来说，没有用户，企业便没有未来。

用户是企业发展状况的风向标。而以5G为基础的"互联网+"，在云计算、大数据等技术形态的加持下，在全方位构建用户服务体系、信息与档案管理、远程服务等方面为重塑用户提供了思路，其主旨就在于将市场的主动权移交给用户，让用户站在舞台中心。简而言之，谁抓住了用户，谁就可以成为资本的下一个宠儿。

一　创造有差异化的用户价值

当猛虎突然向你扑来，你是不需要逻辑论证"我是否是武松"，唯一正确的选择就是：打！

当市场突然发难，企业是不需要逻辑论证"我是否是华为"，唯一正确的选择就是：变强！

当用户突然改变，产品是不需要逻辑论证"我是否是老干妈"，唯一正确的选择就是：与众不同！

当回顾市场时，不难发现，很多深受用户喜爱的产品，看似不显山不露水，但能在极短的时间里俘获用户。诸多企业究其原因，想要复制这些产品的爆红之路，得到的却是伪答案，最后只能铩羽而归。

✧ 吃"剔骨肉"的时代

你愿意为了一杯奶茶排队 8 小时吗？

2020 年 12 月 1 日，新式茶品牌茶颜悦色走出湖南，在武汉开设了第一家省外分店。当天，"武汉茶颜悦色门外排起长队"这一话题霸榜微博热搜，随后，"排队 8 小时才能喝到的茶颜悦色"也出现在微博热搜榜上。

在奶茶行业经历了"群雄逐鹿"的竞争性阶段后，奶茶店在大街上可以说是随处可见。那些看得见、摸得着、把握得住的机会，仿佛都已经被"收割"了，只剩下一些看似贫瘠的"市场夹缝"。而正是在这"夹缝"却残留着"剔骨肉"，而茶颜悦色正是吃好了这块"剔骨肉"，成为新晋之星。

"剔骨肉"的第一大特点就是"肉少"。

如今，奶茶在年轻人心中的地位不用多加叙述，大街小巷中随处可见的奶茶店，社交媒体上大力营销的奶茶品牌，都从一定层面上验证了奶茶市场的巨大潜力。可以说，随着众多奶茶品牌的纷纷入局，奶茶行业的竞争越演越烈。

而茶颜悦色是怎么先于对手，率先吃到"剔骨肉"的呢？茶颜悦色给产品赋予了差异化的定位——新中式茶饮。

目前，市场上普遍都是水果茶，而茶颜悦色则是以"鲜茶＋奶＋奶油＋坚果碎"和"茶底＋鲜奶"组合为基础，将中国的茶文化与西方的咖啡工艺相结合，凸显出茶味层次感，并根据消费者的喜爱偏好做出甜度、温度和容量合适的产品，不断向用户推出独特、精致、新颖和健康的产品。

此外，在店铺装修上，茶颜悦色以中式风格为主体，各个门店根据选址的环境而进行不同风格的装修，比如江枫渔火概念店，以黄色和深棕色为主色调，深棕色的木制小桥和庭院，再搭配上浅黄色的木质屏风，店内层层叠叠的假山和潺潺的流水，让用户在快时代中感受到一丝悠闲与轻松。此外，茶颜悦色的好多鱼概念店、活字印刷概念店和竹林煮茶概念店等，都是从不同角度和不同层面诠释了中国风的特点，凸显了茶颜悦色的差异化风格。

"剔骨肉"的第二大特点就是"难剔"。

面对全国各地各个品牌的奶茶店，分布在各个角落，甚至可以说是三步一小店，五步一大店，用户的需求多样且易变，想要脱颖而出，难度可想而知。"剔骨肉"大家都看得到，却都在思考怎么"下嘴"，用什么工具才能吃到更多。

而茶颜悦色是怎么做到吃到更多的"剔骨肉"呢？茶颜悦色为用户提供了差异化服务——永久求偿权。

茶颜悦色在每张小票都印有"一杯鲜茶无限永久求偿"字样，只要你在茶颜悦色喝了一杯你觉得不好喝的饮品，不管是浓了、淡了，还是苦了、甜了，都可以要求门店免费重做。这样的差异化售后服务，向用户传递了一种温度和感情，让用户对茶颜悦色的产品更加放心，从而和用户形成一个良性互动。

茶颜悦色初期做的是减法，将开店范围控制在长沙市内，保证奶茶质量和店内服务，在此基础上，不断巩固和加大自身的差异化价值，最终成为长沙的标志性品牌。而如今，茶颜悦色开始做加法，让茶颜悦色走了出去，不再只是属于长沙的"狂欢"。

在饮茶市场逐渐饱和的当下，茶颜悦色的出现点燃了茶饮界，让用户有了一个新的选择。从室内到产品，从细节到宏观，茶颜悦色时时刻刻都在向用户传递自己的差异化。对市场和用户来说，茶颜悦色的奶茶和服务是其成功的原因；对业内来说，差异化价值才是让它取得胜利的关键所在。

✧用"差异"替代"平庸"

当企业看到茶颜悦色的成功时，大多数的第一反应就是"我也要让我的产品有差异化价值"。全球最顶尖的营销战略家杰克·特劳特在其著作

《定位》中曾写对"差异化"作出了解释:"与显而易见的真理反向走。"这便是所谓的"差异化"。

如此,企业开始想方设法让自己的产品与众不同,希望以此来吸引更多用户。但实际上呢,那些产品的差异化价值并没有得到用户的青睐,甚至让用户产生"还没有之前产品好"的感觉。

面对这种情况,企业开始迷茫,同样是差异化价值,为什么市场反馈却天差地别?其实,很多企业陷入了"创造差异化"的误区中,才导致了产品无人问津的局面。

第一误区:将细分品类作为差异化。

很多企业受《定位》的理论影响,试图在用户心中占据某一领域的绝对位置。但实际上《定位》所提倡的"占据品类第一"理论,不是让企业站在市场和行业的角度去填补某一领域的空白或是占据某一领域的绝对位置,而是要从用户的角度出发,透过产品看清用户真正的需求。

我们不妨看看那些经典的产品,是如何占领用户心智,打造差异化价值的。

"我们不生产水,我们只是大自然的搬运工。"

"瓜子二手车,没有中间商赚差价。"

"飞鹤,更适合中国宝宝体质。"

一句简简单单的广告语,为什么可以抓住用户的心?因为用户从来都不关心产品是否专注于某一领域,他们所在意的是这个产品究竟可以为他们带来什么价值,为他们提供怎样与众不同的服务。

所以,企业在提供差异化用户价值的时候,要避开"将细分品类作为差异化价值"的误区,否则一定再次遭遇市场天花板,品牌定位也会因此被迫更改。

第二误区：将用户阶层作为差异化。

"高端销量""高端零食""高端家装"这些词在产品营销中屡见不鲜，企业试图以此来吸引用户的注意，但事实上，很多用户根本不了解你所主打的"高端"究竟处于什么样的阶层。

在不同的用户心中，"高端"有着不同的标准，很多人认为1000元以上的衣服就可以算是高端女装，但也有很多人看来，迪奥和香奈儿等品牌才是高端女装。因此，企业不要试图以"高端"来吸引用户，因为"高端"只是一种品牌定位，帮助企业明确自身的方向，而非对外传递差异化价值的表达方式。

第三误区：将技术研发作为差异化。

当下，智能产品仿佛依然成为我们生活的一部分，"智能电饭煲""智能电子秤""智能摄像头"等产品如雨后春笋一般，纷纷涌入市场。诸多企业将其看作为发展契机，纷纷推出智能类产品，甚至是"黑科技"产品，将此作为产品差异化的标签。

但这种技术研发当真能创造差异化的用户价值吗？在回答这个问题之前，我们不妨先看一看智能摄像头市场的发展现状。

智能摄像头从最开始的蓝海市场，逐步变为红海市场。华为、美的、小米纷纷加入，开启了新一轮的市场争夺。这些大企业的加入，随即打响了"价格战"，华为智能摄像头官网最低价格仅为159元，而最高价格也止步299元。

所以，企业以技术研发提供差异化服务并不是明智之举，因为技术意味着急速发展，但同样也意味着快速淘汰，除非你的技术研发远远领先于市场，否则你的技术将会被对手快速复制、升级，而你却面对着被挑战的危机。

不管身处哪个行业，有市场便会有竞争，那么在激烈的竞争中如何塑造自身的差异性，成为用户的最终选择，这成为企业必须思考的问题。但企业也始终要牢记并跨过这些误区，便能在未来的发展道路上少走弯路。

◇ 产品揭竿，打造差异化

经济发展瞬息万变，每天都有企业走上破产倒闭的道路，每天也都有新的企业诞生。一边是衰落，一边是崛起，天差地别的结果源自截然不同的选择。选择模仿或跟进，企业便只能在同质化中厮杀；选择颠覆与开创，企业便将在差异化中开辟一条新的大道。

那么，企业要如何打破同质化，通过差异化提高自身的竞争力呢？在创造差异化价值的时候，企业要左手"产品层面"，右手"精神层面"。

先左手"产品层面"的差异化价值策略。

策略一：剖析竞品，让用户感知产品价值点。

在创造差异化价值之前，企业首先要深度剖析竞品，掌握竞品的价值点和吸引力在哪里，进而分析和具象自身的产品价值点。很多时候，不是因为产品不够优秀，也不是因为没有差异化，而是没有让用户清晰地感知到自身产品的差异化，从而导致产品泯然于市场。

很多企业在设定卖点时过于笼统和抽象，无法让消费者清晰地感知产品特点。要想让产品的卖点更容易被消费者感知，就需要给用户留下足够深刻的印象。比如，OPPO 手机"充电 5 分钟，通话 2 小时"便让用户在第一时间明白了这款手机的优势，并给留下了深刻印象。

策略二：转换视角，构建产品价值点。

用户的需求会随着时间的变化有所改变，原本可能不需要的产品变成了需要的产品。所以，企业应转换视角，将自己放在用户的位置上，及时分析用户的需求，牢牢掌握需求点，以此为契机打造自身的差异化价值。

晨光文具作为国产文具界的领先企业，其核心产品是书写笔。但书写笔是一款低门槛的普通产品，那么晨光是如何扭转这个局面，使自己脱颖而出的呢？

晨光先转换视角，将自己设想为书写笔的主要群体——学生，而学生除了日常学习之外，还会有在什么场景用到笔？考试。所以，"考试专用笔"便成为晨光的书写笔定位，这一看似简单的行为，却直接让晨光的市场销售提升了30%。

随后，企业文具企业纷纷效仿，均打出了"考试专用笔"的名号。而晨光为了再一次凸显差异化，拉开与其他竞争品牌的距离，"孔庙祈福考试笔"由此诞生，而这款笔在高考前风靡一时。

晨光的这款孔庙祈福考试笔与别的考试笔有很大的区别吗？并没有。但它却得到了众多学生的青睐，是因为它利用了人们"万事图吉利"的心理，虚构了产品的价值点，形成了产品的差异化价值。

所以，企业在创造差异化价值的时候，不妨"务虚"一点，为产品附加一个新的定位和用处，从而在同质化市场中赢得用户。

左手"产品层面"完成之后，企业就可以着手在右手"精神层面"创造差异化价值

方法一：与IP联手，创造差异化价值。

近年来，品牌IP化成为产品重要的建设路径。品牌或产品借助IP人物、动物等拟人形象，让用户感觉到品牌或产品是有血有肉的形象，与其他同质化产品拉开距离。此外，这些IP都具有一定的粉丝基础，可以让品牌拥有更多人气和更高销量。

方法二：连接情感，赋予品牌价值差异。

除了与 IP 联手之外，企业还可以选择绕过 IP 化，直接赋予产品情感，让用户感受到品牌或产品的精神或价值。例如被大众所熟知的洋河蓝色经典系列白酒，便是将"中国梦"作为自身的情感属性。

企业根据自身定位、产品属性和用户需求进行情感连接，而非追随潮流和热点，盲目定位情感属性，否则不仅吸引不了新的用户，还可能失去原本的客户。

差异化价值是产品的记忆点，是竞争力的来源，是企业价值的根本。差异化价值影响着企业的商业运行策略，决定了企业是敢为人先的"蓝海"创造者，还是亦步亦趋的平庸追随者。

二　为用户提供特别的东西

市场变化最大的问题是变化的纷繁复杂、变化的花样繁多，使得企业不禁怀疑一切，他们将市场变化放置在一切之上，将流行性思维视若珍宝，将各种浅层次发酵的观念作为出发点。甚至用当下最流行、最玄乎的思维来掩盖因迷茫和无助而引发的内心恐慌，这对企业来说无异于是饮鸩止渴。

过去，企业从最开始的以"不变"应"万变"，到后来的以"少变"应"万变"，却发现越"变"越难，最终陷入了"变"还是"不变"的两难选择中。当下，企业应该思考什么是"不变"的，如何让"不变"成为企业的不败基因。

✧ 在用户消费心理上做"加法"

越是在市场纷繁复杂的情况下，企业越要找到可坚守的规则。以不变应万变。这个"不变"不是让企业"死守"，而是要变应该变的东西，把握"不变"的东西。那么，什么是"不变的"？为用户提供特别的东西——

用户心理满足，才是真正"不变"的东西。

法国哲学家让·鲍德里亚曾在《消费社会》中指出，人们购买物品不仅是当作工具来使用，同时也是当作舒适和优越等要素来耍弄。如何才能让用户感受到舒适和优越呢，就这需要企业挖掘用户需求，在消费心理上做"加法"，不仅要满足用户的显性需求，更是满足用户自己都未曾发现的隐形需求。这样，才能在变化的市场中，获得源源不断的客源。

满足用户心理意味着企业要对用户有深度的了解，清晰地知道用户的需求，并通过产品或服务实现其需求。满足用户心理，既可以满足用户深度的心理需求，也可以帮助企业做出正确的定位。

满足用户心理分为两个步骤。

第一步：选择正确群体。企业在选择满足用户心理之前，一定要选择正确的群体。也许很多人会产生疑问：我还能选错我的用户群体吗？极有可能。在很多时候，产品的买单者和使用者不是同一个人。比如，儿童早教机的买单者是父母，而使用者却是儿童。所以，企业一定要站在正确的角度出发，才能得到正确的结果。

第二步：绘制用户画像。随着大数据的广泛使用，用户的购物偏爱将会被大数据有效识别。之后，企业便可以根据大数据所识别出的用户偏爱进行数据标签，从而分析用户需求，得出用户画像和消费规律。在用户画像较为成熟的时候，企业还可以根据自身用户群体的偏爱，定制营销方案，从而实现更为精准的广告推动与投放，并通过视觉动态与用户产生良性互动。

如果企业做到了"两步走"却始终没有任何起色，极有可能是进入了一个误区，即过于聚焦小众情怀。不少企业为了在初期赢得更多的用户，主打具备同一特征的少部分人群，在短时间内，企业或许可以凭此生存下去，但随着的企业发展扩大，小众情怀只能让企业越走越窄。所以，企业不要为了吸引某一群体，就将企业定位或者产品定位囿于"小众"里面，而是要分析市场前景，打造可以长期发展的产品。

在当下，企业必须意识到，曾经那个依靠低成本和生产效率获利的时代早已过去，市场竞争才刚刚开始。无数对手的涌入，使企业陷入被包围的困境，而想要在这样的背景下打破包围圈，企业不仅要拥有高质量产品，更要满足用户的深度需求，满足用户心理。

✧引爆用户需求，巨人也没有特例

当对手还在固守散点市场的时候，它已经铺垫起亲子游戏；当对手还在运作单一品牌的时候，它已经开始搭建积木体系；当对手还在苦苦寻求出路的时候，它已经与黑客"共舞"。

将准备做在机遇来临之前，把改变做在危机到来之前，把需求做在用户发现之前。这就是乐高。

2021 年 3 月，乐高公布了 2020 年年报：年度总营业收入 457 亿元，同比增长 13%；年度总营业利润 135 亿元，同比增长 19%。在 2020 年全球市场低迷的大背景下，乐高还能取得如此成绩，让诸多企业赞叹不已。那么，乐高又是凭借什么优势取得这一傲人成绩的呢？

随着信息产业和 IT 产业蓬勃发展，小朋友的娱乐项目主要围绕电子游戏和电动玩具等；乐高发展的"主力军"拼插式积木专利即将到期；其他玩具巨头公司迅速在市场崛起。这三个因素导致乐高增长乏力，发展后劲不足。为重新赢得市场，乐高决定从用户心理入手，满足用户的需求，从而吸引更多的用户。

积木行业：市场萎缩，艰难前行。

乐高策略：主动出击，拓展用户范围，满足用户的童趣心理。

乐高从最开始的木质积木到后来的塑料堆砌积木，再到现在的塑料拼插积木，在产品中嵌入经典元素，让成年人可以在拼积木的过程中重新找回童年的乐趣。这样，成年人便可以和孩子一起拼积木，既给自己买了玩具，也给孩子买了玩具。

积木行业：多重竞争，艰难创新。

乐高策略：建立体系，实现场景融合，满足用户的体验心理。

乐高积木具有兼容性，每款套餐中 70% 的积木都可通用，这也就意味着不同套装之间的积木可以根据玩家的想象力自行组装，最终组成了乐高的"建筑体系"，换成更为直观的公式便是：建筑体系 = 积木 + 自由组装。在一个积木场景中，组装者可以选择放跑车、火箭或飞机，因为它们的比例是一样的。

建筑体系已成功构建，乐高便向深度发展，开始构建情节场景。在实体店，乐高将侧重点集中在消费者的消费体验需求上，力图通过空间情境设计、店内互动和体验活动，为用户创建一种融环境、氛围、场所为一体的立体化场景，通过全方位、立体式接触，使用户产生情感共振，将用户体验做到极致。

积木行业：紧握技术，为我所用。

乐高策略：开放创新，延伸创造能力，满足用户的求新心理。

乐高部分套餐是可以编程的，因此不少黑客对可编程机器人产生了浓厚的兴趣。面对黑客"围城"，乐高却不采取防护措施，反而是在乐高软件许可证上添加了"破解权利"，并创建网上论坛，鼓励用户发挥自己的创意，深度挖掘产业线。

不可否认，在互联网飞速发展的过程中，如何精准定位用户需求、快速推出产品和服务，俨然成为当下企业生死存亡的关键所在。但如何精准定位用户需求、推出怎样的产品和服务，相信一千个人眼中有一千个哈利雷特，不少企业认为与其花费无数时间去研究成千上万个不适合或分散的用户，还不如专心只研究一个乔布斯。

但是，乔布斯是上一个阶段的神话，他的时代绝不是我们现在所身处的时代，企业要是想吸引并长久留住用户，不仅要为用户提供有差异化的价值，还要从用户心理入手，满足用户心理。

✧ 没有完美的产品，只有踩中用户心理的产品

用户心理是虚拟的存在，看不见摸不到。很多企业在对用户心理进行研究时没有采用科学的方式，这也就是本以为会成为爆款的产品却无人问津的原因。所以，企业不仅要重视用户心理，更要精准无误地踩中用户心理，最终满足用户心理。

那么，企业应该如何才能踩中用户心理呢？

密码一：建立品牌。

产品是市场的自然需求，是用户的基本需求，品牌则是抽象化的。很多企业都认为只要做好产品就可以，无须刻意强调品牌。但实际上，仅有产品只能实现短时间的盈利，而在品牌的加持下，用户会逐渐对该企业的产品产生依赖，最终建立起品牌忠诚度。

产品满足的是用户的物质需求，而品牌则更偏向于满足用户心理。企业想要建立品牌，就要基于其优质的产品质量，打造良好的购物环境或平台，具备真诚的服务态度，提供周到的售后服务，并向用户传递企业文化和精神。在这样的服务下，用户会感觉自己被尊重、被重视，让用户感到自己的消费心理被满足，从而促使用户的再次消费。

密码二：限量营销。

众多用户都希望自己所购买的产品是更有价值的，或是其他人无法轻

易买到的。这也就是为什么众多品牌的"限量版"被抢售一空的原因。

针对用户这一心理，企业就要学会限量营销。限量销售是企业限制优质产品的产量，以制造供不应求的现象。但是企业采取限量营销的前提，必须是用户对品牌有一定的认知，或是大部分用户都对该产品有硬性需求。同时，企业也应制订周密的宣传方案和销售方案。只有在此基础上，企业的限量营销才能达到预期效果，否则将会起到反作用。

放眼诸多品牌，那些销售量一直稳步上涨的产品，其背后总是有一群忠实的购买者。吸引他们的一方面是产品的性能；另一方面便是他们对用户心理的极大满足，让用户从中感觉到"被满足"，认为该产品为自己带来了价值。

密码三：了解用户。

不少企业在和用户交流的时候，只一味注重向用户传输自身产品的优势和特点，却忽略了用户的需求。其实用户心理并不复杂，企业对用户是否用心，直接决定了用户对企业印象的好坏。企业的产品和员工，是企业和用户距离最近、接触最为频繁的媒介，在这一阶段企业既要注重产品质量，同时也要重视员工的服务质量，一个主动关心用户需求、热心提供服务的员工，可以在很大程度上提高用户对企业的好感。

对手林立，市场低迷，这是大多数企业在现在及未来一段时间将要面对的现实。面对困境，企业想要占得一席之地，就需要得到用户的认可与支持。用户的认可与支持可以为企业带来经济利益和无形资产，若想要实现这一点，企业不仅要保证产品质量，更要瞄准并在深度上满足用户心理。在此基础上，企业才能将路人变成用户，将用户变成粉丝，最终实现在行业和市场中的独特优势。

三　建立深度的用户关系体系

在全球经济迅速发展的今天，企业的发展速度堪比中国高铁"和谐号"，企业的数量和规模都有着惊人的变化。不可否认的是，在"用户为王"的时代，用户对于企业的发展具有不可或缺的作用。从企业投入运营到成熟期，用户始终贯穿其中，企业的发展与用户有着密不可分的联系。

企业用户从万名到亿名的飞跃绝不是一蹴而就的，需要企业付出巨大的努力。如何牢牢抓紧用户？这需要企业与用户建立一个深度的用户关系体系。

✧ 从简单交易到合作共赢

用户关系体系是企业为了达到一定的营业目标或营业利润，主动与用户建立起深度、有效的关系体系。这一关系体系既可以是简单的买卖关系，也可以是供应关系，还可以是双赢的合作关系。

浅层次的买卖关系。

企业与用户之间的关系维持在你买我卖的关系水平，用户将企业作为一个生产或销售产品的卖主，购买这个过程也只是一次你情我愿的公平交易，交易的目的十分简单清晰，那就是需要。在这种关系体系中，企业与用户之间只是销售人员和用户之间的接触，企业在用户眼中没有太大的存在感，双方也不会发生交易以外的联系和沟通。

中层次的供应关系。

当用户和企业不再处于简单的买卖关系上，他们便开始迈向中层次的供应关系。这一层次的供应关系不是简简单单的买卖关系，而是企业可以成为用户的优先选择，甚至是第一选择的关系。处于这一层次的企业，他们的销售人员与用户会时常保持沟通，有着良好的关系，甚至可以发展成朋友关系。

在这一层次的关系体系中，企业需要投入更多的精力和资源来维持用户关系，其中包括为用户提供更为优惠的购买价格，或是可以优先考虑用户交付需求等等。但企业需要注意的是，这种关系体系往往是通过企业的让渡部分价值来实现，换言之就是企业通过向用户倾斜更多的利润和精力换来用户的青睐。这实际上是一种"不平等"的关系，不利于企业的长期发展。

深层次的合作关系。

处于这一层次的企业，往往是与用户在产品和服务认知上形成了高度一致，如此才能进入了深层的合作关系。

在这一层次上，企业可以深度了解并认知用户的真正需求，并搜集广大用户的意见，双方共同创造价值，共同分享，最终形成一个良好的合作共赢关系。在这种用户关系体系下，和其他竞争对手相比有着更高的竞争壁垒。

用户与企业是一种相互促进的关系。优质的用户能够促进企业的提升和进步，优秀的企业也能吸引到更多的用户。有了用户的参与，企业在研发、生产、推出产品时就更加具有准确性，这样便让双方的经济效益得以最大的实现。用户与企业之间的关系逐渐密切，用户提出诉求，企业为之实现，双方互利共赢。

✧ 重塑关系，相交有年

蔚来汽车董事长李斌曾说："今天移动互联、云服务时代，有些东西全部简化了，效率就高多了，这个量得到了质变。经营用户将会成为一个企业的核心能力，只要你是直接面对用户的，未来用户关系就是一个公司的核心资产。"建立深度的用户关系体系，以用户实现效益增长是企业未来的核心任务。

位于南京卡子门的一家红星美凯龙家居卖场正在以一种新玩法沉淀用户关系，链接用户核心。以前，这家红星美凯龙家居卖场从开门到闭店，如果有 500 个消费者进去购物，那"500"这一数字就是这家店的流量，他们只关心这个流量的变化，而这 500 个消费者来自哪里？为什么而来？之后还会不会来？他们从不关心。消费者离开了这个卖场，就与他们再无关系。即便是做活动，也仅仅是在策划、设计、物料等方面下功夫，而后等待消费者登门，他们从不去与用户建立关系。

今天，这家红星美凯龙家居卖场积极建立用户关系体系，加深与用户之间的关系。其以天猫同城站、社群、各大营销平台、自媒体账号等私域阵地为通道，与所有近几个月内成为红星美凯龙会员，并且从未买过某一品牌品类商品的用户高频互动。尤其是那些曾经在线上浏览过某一品牌品类商品却未下单的用户，以及购买了某一品牌家装上游商品的用户，更是他们推进关系的重点对象，红星美凯龙会经常向这些用户剧透超级品牌日的爆款、福利、签售等内容。通过不同主题和形式的内容，根据用户的需求与偏好与其长期互动，加深与用户的关系。

企业与用户关系正在重塑，越来越多的企业明白当下，企业与用户之间你卖我买的关系早已破裂，新的用户关系体系正在建立。美的互联网品牌"布谷 BUGU"（以下简称"布谷"）便开启了重构用户关系，与用户共创的全新体验。

在大众常规的认知中，大部分产品都是由企业创造、生产、销售的，消费者根据自身的需求对产品进行选择，也有一些企业是针对消费者的需求进行产品生产，但这一需求也是企业根据市场、消费风向等自主判定的。在当下的市场风潮中，用户为王早已是默认的事实，众多企业正将主导权交给用户，以增强用户关系，保持用户忠诚度。然而，却没有企业会真的将话语权、选择权、决策权交给用户，所谓的用户参与也仅仅是表面现象，其并不会接触到真正的核心。

布谷首席产品总监韩翰曾在美的新品发布会上说："如果说一切工作围绕用户展开，和用户做朋友，这个太简单不过了。我们希望跟用户之间的关系是什么呢？我希望用户能够参与到我们产品开发中来，和我们一起共创产品，一起来打造智慧、简单、有趣的生活方式。"

韩翰认为，与用户做朋友，就要真的做到像对待朋友一样去对待用户，你在决定一些事情或有一些想法时，会找朋友倾诉，想知道他们的想法，甚至接受朋友的意见。那么，在产品设计与生产上，也要让用户真正参与其中。因此，在产品研发前期，布谷就会选择一批愿意参与价值共创的用户，通过"布谷研究所"这一线上平台，建立与用户的有效、平等沟通，使用户真正深度参与到从产品概念到设计再到内测、公测这一系列流程之中。

布谷为了与用户更好地沟通，还创立了"共创屋"，在共创屋中，用户可以提出一些超过预期的想法，韩翰表示："这些技术人员如果跟用户在一起，发现凌晨五点的时候，用户还在给他发信息告诉他产品怎么做，对技术人员的启发性会变得很强，氛围也会更好。"基于此，布谷与用户共同构建了厨房、起居、卫浴三大生活场景与空气、水两大专业场景互联的产品组合，全面覆盖用户生活。

布谷通过共创平台重构了与用户的关系，建立了深度的用户关系体系，让用户不再是"冷眼旁观"者，让用户与企业产生黏连，不再是互不相关的两方。此外，布谷还将权利交给用户，让用户拥有自己的发言权，甚至在产品售价方面，都会与用户共同商议。

布谷重塑用户关系，引导用户正向参与产品，让用户真正进入"朋友"的角色，体验到参与产品设计的快乐。机械、空洞地喊着"用户参与"，做着表面功夫只会亲手推开用户，建立深度的用户关系体系，就要化口号为行动，加深与用户的关系，保持用户的绝对忠诚与长期黏性，与用户共享。

◇ 同样的流量，不同的留量

未来，用户关系将会成为助力企业创造巨大效益的主要驱动力。尤其是不确定性的大环境正在不断扩大影响，各行业的效益增量愈发不稳定，作为影响企业效益一大因素的用户，也越来越难以琢磨。因此，企业要不断"拉拢"用户，加深用户关系，形成留量。

初段：信任才能深交。

与朋友交往，最重要的一点就是打造信任，朋友之间没有信任，何来深交。企业与用户之间同样如此，既然企业一直宣扬要与用户做朋友，就要与用户打造信任关系，信任是企业留住用户，建立深度用户关系体系的关键。社会心理学中有一名词为"首因效应"，意为人们会对最先了解到的信息留下深刻印象，并会以第一印象去判断之后的事情，有一种"选入为主"的效果。例如，如果企业没有在与用户接触的第一时间给予用户信任感，没有给用户留下好的印象，那么，之后即便企业值得信赖，用户依然会产生反感心理，不信任企业。所以，企业要想建立深度的用户关系体系，信任就是企业要打造的第一体系。企业可以从品牌、极致产品等方面入手获得用户的认同感，留住用户，将"流量"变为"留量"。

中段：实现精准触达。

企业要想建立深度的用户关系体系，就要做到精准触达。精准触达是指企业要精细化、针对化、靶向化地接触每一个用户。试想，我们与朋友加深亲密度的关键，就在于我们能够精准了解他们的一切，并依据他们的喜好做出契合他们心理的事情。在大数据背景下，企业完全可以做到深度、精准地了解每一个用户。如果企业可以细化用户的信息，如性别、年龄、喜好、受教育程度、价值观等，就会逐渐渗透用户生活，自然而然地形成深度用户关系。例如，今日头条会大量分析用户日常点击，从而判断出用户的阅读喜好，从而为用户推送精准内容，让用户感受到"独特对待"。

高段：提高互动率。

任何关系，都是在频繁互动中升温，即便是再要好的朋友，长时间不联系、不互动，也会渐渐疏远，关系冷却。企业要想建立深度用户关系体系，提高与用户的互动率是必要的。企业要及时与用户互动，了解用户的最新动态与信息，才能更加准确地服务用户。例如，北京一家面包房会每天在会员群中与大家互动，盘点每日、每周、每月的畅销单品，还会为孕妇宝妈人群做专属推荐，甚至还会分享小糕点视频教程。另外，他们还会时常在群中定向指定一位会员，让人们感觉面包房对每一位会员都很了解与关心，彼此之间就如同相交已久的好友。面包房以"用户"为起点，不断设计互动，与用户交流、交流、再交流，从而加深与用户关系，制造留量，反复成交。

从无到有，从弱到强，建立深度的用户关系体系是一个长期的、持续的过程。后疫情时代，市场拉锯战的核心转向用户，企业有效的竞争手段就是加深与用户关系，保持用户黏性。但，变化的环境使用户触点处于不确定状态，企业在变中求增长的着力点就是占据用户制高点，主动与用户持续互动，深化用户关系，提高对用户需求的洞察力，创造领先价值，成为与用户高匹配的精准企业，让用户关系成为企业的核心资产和竞争壁垒。

四　精品服务是强有力的价值故事

营销学大师菲利普·科特勒曾旗帜鲜明地指出：顾客购买的不是钻头，而是墙上的洞。"钻头"自然是指企业为用户所提供的产品，而"墙上的洞"才是用户所在意的价值。所以，很多时候，用户买单的不是"钻头"，而是通过"钻头"所得到的"洞"，以及在钻洞过程中的使用感受。

✧ 让头回客变成回头客

如果用户在不同的两家店各买了一个钻头，在使用第一个钻头的时候，钻头难用，且在钻洞的过程中尘土横飞，钻出来的孔洞偏大；而在使用另一个钻头的时候，发现钻头轻便易操作，钻出来的孔洞正是自己需要的尺寸。

那么，下回用户再需要购买相关产品的时候，会选择去哪家店呢？我们再来设想一下，当这个钻头坏掉或者不符合自己的需求时，用户拿着钻头去第一家店，店老板认为东西已经毁坏，不能提供退货服务，或一经售出概不退还。而用户拿着钻头去第二家店，店老板认为钻头在使用不久后便坏掉，属于产品问题，理应为用户提供退货服务，并贴心为用户选择新的合适钻头，同时优惠了产品价格，以表达对用户的歉意。

那么，在这样的情况下，能长期得到用户青睐的将会是哪家店呢？毫无疑问，会是第二家店。为什么？因为第二家店的服务，且是精品服务。

精品服务，一个往往被忽略看似无足轻重的战略，却起着举足轻重的作用。精品服务既是一种服务战略，也是一种企业发展体系。只有服务方式被认可，才能让用户从头回客变成回头客，让企业在消费市场形成独特的竞争优势。

胖东来商贸集团有限公司（以下简称"胖东来"）作为一家商业零售企业，可以说是河南省的零售企业巨头。在各路大牌零售企业遍地开花的时候，胖东来却成为当地用户的首选，成为一家"迷"一般的企业。这不仅是因为胖东来的商品好，更是因为它精品服务的三板斧。

第一板斧：服务细节精品化。

胖东来商场的入口处，有免费的消毒液和急救箱；楼层电梯口有专门的服务人员负责搀扶老人儿童；如果有用户问路，员工会直接将他带到目的地；如果对产品不满意，可以立即无理由、无条件退货。这些貌似不起眼的服务，却让用户感受到被尊重、被在意，哪怕用户只是买了几块钱的东西，依然可以享受到这种服务。

除了在购买过程中的细节精品化，胖东来还将细节精品化渗透到各个方面，胖东来的卫生间所摆放的洗手液起泡细腻、丰富，气味清香，使用感好。根据季节的变化，洗手间的水温也会做出相应调整，保证用户洗手时候的舒适度。

第二板斧：服务功能精品化。

为了给用户提供精品服务，胖东来为每一种商品搭配了相应的介绍牌，让用户可以更为直观地了解产品的信息。此外，胖东来的员工还会在用户购买商品的时候，给出贴心的建议，比如商品的功效、成分和优缺点等，并提供试吃、试用，让用户直观感受到该产品是否值得购买。这一系列的专业服务赢得了无数用户的心。

此外，胖东来对硬件设施也下足了功夫。胖东来的各个卖场都配备了用户休息区、微波炉、饮水机、免费宝宝车和免费轮椅，甚至有的卖场还配有环境安静的母婴室及无障碍卫生间。

第三板斧：售后服务精品化。

胖东来不仅注重用户在消费过程中的服务，同样关注用户在消费完成之后的服务。为了免除用户的后顾之忧，胖东来始终坚持用户只要不满意，无论是什么原因，都可以随时退货。此外，为了监督鞭策员工专心投入工作，为用户提供更好的服务，胖东来还设立了"客户投诉奖"。

对企业来说，精品服务可以帮助企业吸引用户，留住用户，并培养用户忠诚度。随着精品服务的系统化，精品服务战略应运而生。精品服务战略是企业的发展战略，以精品服务为中心，以达到用户满意为目标，使精品服务与环境变化同步发展，最终实现企业的长远发展。

◇ 四驾马车，驶向市场

当精品服务出现在用户身旁，当精品服务战略出现在企业发展过程中时，企业才能拥有更多的优势。精品服务战略需要四驾马车共同前行，才能载着企业奔向远方。

第一驾马车：确定用户所需要的服务需求。

古人常说，知己知彼，百战不殆。企业的服务也是如此。企业要精准了解用户想要什么样的服务，对现阶段的服务有什么建议或不满，才能对症下药，为用户提供精品服务。如果不能对症下药，那么企业极易向用户提供一些无用的服务，既浪费企业资源，又无法得到用户认可。

第二驾马车：让员工树立起精品服务意识。

精品服务战略实施成功与否，很大程度上取决于企业员工是否具有精品服务的意识。树立员工精品服务意识是最为关键的一步，同时也是最容易被管理者忽视的一步。思想是行动的先导，当员工充分了解精品服务战略所产生的巨大价值，他们才会积极投入到服务中去。

第三驾马车：员工的相关培训与管理。

在与用户的接触中，员工在一定程度上代表着企业。如果员工认真负责，那么用户便会对该企业产生好感，认为整个企业的员工都具备这种精品服务。反之，如果员工消极懈怠，那么将会拉低用户的印象分。所以，企业要严格挑选员工，之后不断对其进行培训与激励，以优渥的待遇降低人员流动率，提高员工的积极性。

第四驾马车：对服务质量的严格把控。

服务质量的高低取决于用户的评价，只有得到用户的高度满意才可以称为精品服务。企业想要将精品服务落地，就需要设计服务标准，制定服务内容，及时跟进服务反馈等一系列内容。

曾经那个服务属于产品附属品的时代已然过去，企业想要让用户在第一时间选择你，不仅需要依靠过硬的技术、高质的产品、优秀的营销，更需要以精品服务战略为助力。如今，精品服务早已成为企业竞争力的重要组成部分。

✧ 钓出深海里的鱼

很多时候，企业的失败不是因为产品质量，也不是因为行业环境，而是因为当别的企业已经为用户提供服务的时候，自己却还一心埋头于质量和营销；或者看到了别的企业对服务的变化，自己却始终认为服务无关紧要。企业和用户是互为主体的，企业如果不能为用户提供精品服务，那么企业也将无法具备竞争优势。

市场就像是时时受风向影响的"深海"，而用户就是"深海"中最为重要的主体之一"鱼"。那么，企业应如何在变化的"深海"中钓出那些处于各个角落的"鱼"呢？

观察：为不同的消费群体提供不同的精品服务。

不同的用户群体有着不同的服务需求，所以企业要找准自身定位，分析企业目标用户，因人而异，提供不同的精品服务。企业可以将用户群体的服务内容进行分析：一是根据用户服务需求的不同进行分析，二是根据用户所追求价值的不同进行分析。在此基础上，针对不同的消费群体，提供更适合用户的精品服务。

准备：让精品服务与营销战略联手。

企业在规划营销战略时，要充分体现出精品服务在价值链上的作用。企业在竞争激烈的行业中，要凭借什么取胜？是产品、技术、价格，还是服务？产品、技术和价格固然是取胜的关键因素，可若是企业在规划营销战略时，忽略了服务，那么成功之路将增添诸多困难。这就要求企业在制定和实施精品服务战略时，要全面考虑与企业营销战略的有机结合。

备饵：设计精品服务的流程和标准。

当企业确定了不同群体的精品服务后，便要站在用户的角度，设计出精品服务流程。在设计服务流程之前，企业必须要先考虑到用户的参与度、偏好和需求，从而有针对性地制定标准。而针对有个性化需求的用户，要求员工灵活掌握和变通运营，从而实现精品服务。

在设计服务流程和标准的时候，企业可以借助于流程图，将精品服务分解为服务的提供步骤、方法和最终要达到的结果。

看钩：将精品服务植根于员工内心。

没有文化的企业是危险的，企业文化可以传达企业和员工共同的价值观，让两者产生共鸣。而精品服务作为企业文化之一，也应被企业重视起来，被员工重视起来。

企业需要持续为员工输入精品服务文化，在细节中体现出企业对员工的关怀，让员工对归属感。久而久之，这一文化理念变成植根于员工内心，在潜移默化中被员工认同。

抛竿：制定完善的精品服务保障实施体系。

精品服务战略需要打造，更需要落地实施，否则所有的战略都只是空话。所以，当精品服务战略一旦生成，如何保证该战略的落地就成为重中之重。建立精品服务文化，倡导全员服务理念，企业还要搭建成体系的服务策略。其中包括精品服务内容，精品服务方式，精品服务操作规范，检验精品服务的评价体系等等。

身处高歌猛下的当下，企业要明白，过去的成功已经归零，未来的想象虚无缥缈。企业远离了野蛮生长的狂欢，步入了竞争激烈的"深海"中，想要钓到鱼，企业不仅要准备好鱼饵，更要从源头抓起，从准备到抛竿，步步为营。最终，用精品服务将"鱼"牢牢地牵在自己的鱼竿下，用精品服务将大海各处的"鱼"聚集到自己的鱼竿下。只有这样，企业才能更好地面对未来，才能稳步前行。

第六章

重塑管理：全员目标，绩效管理

　　企业需要认清一个现实：变化是市场的常态。应对变化，是每一家企业时时刻刻都要解决的问题。既然已身在市场这盘棋局之中，企业就要不断提升自己对弈的能力，在重重对手中，脱颖而出，一骑绝尘。

　　在时代的迭代下，5G下的互联技术拓展应用将为数字管理提供方便。随着一批智慧商业应用场景的实践，企业的管理也将会被重塑，不管是管理机制，还是组织系统，企业管理的方方面面都在升级，一个更加繁荣的5G消费时代正在走来。迭代迫在眉睫，重塑管理箭在弦上，对企业升级组织管理模式以适应5G商业时代提出了新的更高要求。

　　万变不离其宗。纵然变化不一，企业管理却是有路径可依。流程型组织，缩短部门流程，提高效率；企业管理机制，激发企业的潜在优势；企业组织系统，激活超效率，实现1+1>2。

一　企业的流程型组织

随着互联网和 5G 技术的发展和完善，众多企业将信息科技融入工作当中，虽然这一行为提高了工作效率和自动化程度，但如果工作流程没有作出任何适应性改变，反而会限制企业整体绩效。

所以，企业迫切需要重塑管理，借助管理的力量进行一场革新。由此，企业的组织内部与外部的改造被提上日程，流程型组织的雏形正逐渐形成。

◇剖析流程型组织，建立认知维度

对企业来说，那些简单、海量的工作如何才能在日复一日中做到更好？

当企业发展到一定规模，员工越来越多，部门越来越多，制度也越来越复杂，但为什么企业整体效率却越来越低？

出现这种困境的时候，不少企业都试图通过重新构建流程，甚至是进行流程型组织建设来打破现状。想法虽然好，但最终大部分企业都始于想法，终于实践。一是因为组织要素不能保证，组织资源和执行力是流程型组织的必备要素，但不少企业都很难兼具两者；二是想法不够全面，很多企业认为只要制定好一张流程图就可以让企业突破困局。

流程型组织设计的基本出发点是，流程决定组织，而非组织决定流程。流程是企业在生产某一结果的一系列连续操作或处理，它既是生产过程的始末，也是生产的经过。它强调的是为了完成企业既定目标，各个部门将如何进行和开展工作。

流程型组织是以各种流程为基础，设置不同部门、规划各部门职责、决定部门人员分工，从而在此基础上建立和完善组织的各项技能。流程型组织的形成有多重目的与意义。

第一层面：从目的角度出发。流程型组织可以时刻紧盯组织内部不同部门的执行情况和结果，保证各部门的效率与质量，提高对用户需求的反应速度与效率，进而降低企业的产品成本或服务成本。这也是流程型组织的定义。

第二层面：从成员关系的角度出发。流程型组织是根据业务工作流程的各个环节来配置相应人员，通过相应人员的相互协作，继而完成从组织投入到最终产出的转变。

第三层面：从业务流程的角度出发。流程型组织可以打破工作部门之间的隔阂，改善信息不对称的情况，从而保证信息流和物流等不管是在水平方面，还是在垂直方面都得以顺畅流动。

第四层面：从组织完善的角度出发。组织型流程从根本上重新组织了企业活动，并始终围绕组织结构的重新搭建，产生以流程为中心的组织，从而决定员工的分工，完善各部门的职能。

放眼国内市场，运用流程型组织取得显著成功的当属华为。华为在流程建设方面，先确定了各项业务都是属于谁的工作范畴。然后针对三大业务流——把产品开发出来、把产品变现和问题发生就要解决，然后关闭，建立对应的三个系统，也就是产品集成开发、从线索至收款和售后。同时，华为还用流程 IT 的方式进行固化。

与过去的传统型组织相比，组织型流程结束了传统的职能分工和专业化协作方式，取而代之的是统一性、系统化的流程管理。可以说，在一定程度上流程型组织为企业带来了新的生命力。

◇ 构建流程型组织，推动企业发展

诸多企业都曾制定过流程型组织的方案，但执行时却是隔靴搔痒，无法充分发挥其本身的作用。久而久之，企业的流程型组织成为摆设，反而再一次阻碍了企业前进的脚步。企业想要扭转现状，在行业中突围而出，加大自身获胜的筹码，就要通过四个范式构建流程型组织。

第一范式，界定核心流程。

从企业组织的角度出发，不同的企业对流程都有着不同的理解和认知，但不论有着怎样不同的观点，都不可否认，流程都是为了完成目标而进行的一系列有逻辑性活动。

在企业发展过程中，可以分为两大流程，一是业务流程，二是核心流程。业务流程主要是围绕为用户创造并提供价值的一系列活动，它具有目标性和层次性特点，界定该流程中相关人员的关系和职责，最终将不同分工活动的结果贯穿在一起，得出结果。而核心流程顾名思义便是在企业的众多流程中，集成组织核心竞争力的流程。它具有可变性，那么该如何界定哪些是企业的核心流程呢？

一方面是要根据企业的当前业务。所有企业的组织都可以分为核心部

门和辅助部门，核心部门所进行的重要业务流程则是核心流程，而那些对企业发展和最终产出的帮助或影响不大的流程则为非核心流程。

另一方面是根据用户对流程的看重程度。企业是通过流程的运作来满足顾客的需求，但流程对外在顾客的重要性或影响力并非相同。企业可以先从了解产品成本、准时交货、产品性能等用户比较关心的指标入手，全面追踪掌握其完成流程，然后再进行相关的深度分析，从而得出哪些流程是对指标影响最大，最终确定各个流程的重要性，排列出流程的先后次序。

第二范式，配置流程团队。

界定了核心流程之后，企业需要配置专门的流程团队来保障核心流程的顺利进行。在过去的传统组织中，往往存在好几个员工干着重复的任务和流程，造成了人力的浪费，也消耗着企业的时间。所以，配置流程团队可以节省员工和企业的时间和精力，提升企业的整体运作效率。

在组建流程团队时，企业要懂得流程团队往往分为两种，一是临时流程团队，这种团队的组建和解散具有灵活性，可以在一定程度上保证流程的通畅，但对团队的沟通机制和平台要求较高，且稳定性相对来说差一些。除此之外，企业还应注意，临时流程团队一旦缺乏相应管理权，协调流程的难度便会加大。

二是长期流程团队，这种团队之间的默契度相对较高，工作流程更为规范化，职责明确，但这种团队的组织结构也更容易固化，人力资源流动性也较差。企业可以根据自身的发展现状和流程特点，选择适合自己的流程团队。

第三范式，完善考评体系。

完善考评体系是为了更好引导和规范组织员工行为，是对组织成员进行奖惩的重要依据。其中最为典型的便是根据流程结果来衡量组织成员的绩效。将员工绩效与流程结果挂钩，则可以让员工更注重整个流程的运作，培养每位员工的大局意识。同时，也能让员工之间相互监督，相互激励。但企业需要注意的是，组织流程往往不会因为一个员工大受影响，所以在进行考核的时候不能将成果或过失只归咎在一个人身上，而是要多方考量之后，进行奖惩。

第四范式，优化整体流程。

整体流程需要在企业不断发展的过程进行优化，对存有较大隐患的流程更需要针对性地规范或重塑。这在一步骤中，企业可以通过次序改变、消除和自动化等方式进行优化。其中，次序改变是调整组织流程活动的先后次序，使活动逻辑更为简洁、顺畅；消除则是将一些不必要或累赘的流程删除；自动化则是将信息科技加入流程中去，进而完成读取、传递和处理的过程，最终提高工作效率。

每个企业都会遇到发展瓶颈期，不思进取，企业将就此湮没；突破发展的天花板，企业将迎来一个锦绣未来。流程型组织是企业突破成长天花板的一个切入口，是企业迈向上持续高质量发展的黄金大道。

二　如何设计企业管理机制

迅速发展的市场经济，让每一家企业都承受着难以喘息的压力，曾经的巨头也会轰然倒塌。现如今，身处市场变局中的企业，更是有着朝不保夕的危机感；雾里看花般的全球经济趋势变化，更是让不少企业陷入困局之中。

在这困局之中，企业要通过企业管理机制，激发企业的潜在优势，重塑管理，成为行业中的胜利者。

◇ 先跳出盒子，再思考问题

在过去的市场中，无数企业都坚信"大鱼吃小鱼""快鱼吃慢鱼"，将发展重点聚焦于发展规模和发展速度，反而忽略了企业的发展质量。结果欲速则不达，这些企业也为之付出了沉重的代价。企业想要改变现状，就必须从之前的思维"盒子"中跳出来，重新思考问题发生的原因。

当我们仔细研究后便会发现，不少企业都忽略了管理机制。管理机制，是指企业将管理活动内在要素有机组合，从而发挥积极作用的过程和方式。我们想要运用管理机制为企业注入新的活力之前，就要先了解管理机制作为一种系统化的企业战略管理手段，所具备的五个梯队内容。

第一梯队：约束机制。

企业管理约束是企业管理活动的重要组成部分，根据各部门在一定时限内完成的生产经营目标，定期进行检查和分析管理情况及最终结果，从预计结果和实际结果中找出偏差原因，进而采取有效的自我调节计划和控制活动。

约束机制在企业内部发挥着调节、监督和控制等作用。企业想要使约束机制发挥出最大功效，就需要从三方面循序渐进。

第一，调整并完善管理系统组织结构。在这一方面，企业要精简机构，撤除不必要的部门和岗位，从而提高企业的整体运作效率。除此之外，企业还应保持权责限定与结构调整的统一，保证部门之间、岗位之间的协同合作。

第二，健全企业制度体系。企业制度体系既是对进行经营管理行为规范的标准之一，也是让员工进行自我约束的依据之一。企业健全制度体系之后，不仅能促使企业内部管理的协调运转，还能最大程度抑制不合理行为，从而产生约束效应。

健全企业制度体系要从四方面入手。企业首先明确岗位职责，明确各部门和员工应该做什么和不应该做什么，有着什么样的权利和义务。其次企业要明确业务管理，将各部门的管理目标、业务流程和操作流程等顺利传达。再次企业可以进行监督控制，重点解决强化约束问题，包括上下级之间和相关业务环节等等，以便及时发现和及时纠正。最后企业就可以开始预防教育，这一最终环节是增强部门和员工的自我约束意识，从而加深对制度体系的深度了解。

第三，注重检查制度的落地实施。企业约束机制除了要搭配相关的组织结构和制度体系，还有最为关键的一环，那就是制度能否在实践中落地。如果无法保证制度顺利落地实施，那么约束机制就只是空有其表。而制度的落地实施既需要中层以上的领导干部以身作则，又需要按制度进行层层考核，保证奖罚分明，绝不偏颇。

第二梯队：激励机制。

随着时代的发展，"以人为本"的观念深入人心，人才优势已然成为企业的重要竞争优势之一，所以企业不仅要靠企业制度去管理人才，更要因地制宜地运用激励机制，留住人才。激励机制在管理机制中，发挥着激发、鼓励、支持和关怀的作用，落实以人为本的核心理念，一步步提高员工的积极性和主动性。

那么，企业可以采取哪些激励机制呢？

物质激励。物质激励是最为直接、最为常见的激励方式之一，主要包括工资、奖金、津贴等。很多时候，不少企业在物质激励方面缺乏系统性和多样性，仅仅只是通过"工资 + 提成"的单一激励形式，而很少采用年薪、利润分成等激励形式。但实践证明，合理且多样性的物质激励才能更好地激发员工积极性。

目标激励。企业管理者会将总目标分解成多个子目标，子目标往往对员工有着引发、导向和激励的作用，通过全体员工的共同努力最终完成总目标。但需要注意的是，目标激励是根据员工的切身利益、工作难度和具体内容所制订的，要让员工感觉到子目标的可行性和合理性。

信任激励。信任，往往是构建人与人忠诚度的基石，信任激励则是企业用自己的尊重、鼓励、支持对员工进行激励的一种机制。信任激励是最持久、最有效的激励方式之一。有时候，老板一个信任的眼神，或一句信任的语言，便能让员工拼尽全力工作。

情感激励。情感是影响和左右人们思维的重要因素，而情感激励则是老板和员工、员工和员工之间通过建立良好情感关系，最大程度调动员工积极性，让企业呈现一种积极向上的氛围。因此，老板要积极主动地了解员工的需求，营造出相互信任、相互尊重的工作氛围，增强员工的归属感。

奖罚激励。激励制度，不仅需要奖励，也需要惩罚，这样才能保证企业内部的规范性。奖励包括表扬、晋级或加薪；惩罚则包含批评、处分和开除等。这些都是奖罚激励中最为常见的。奖励是为了让员工以更激情的心态投入工作，而惩罚则是为了让每位员工严格遵守企业制度，保证公平性。

竞争激励。协同合作并不代表着不存在竞争，竞争是企业不可或缺的环节之一。竞争激励是企业鞭策员工不断进步的有效机制之一。在竞争激励的帮助下，优秀者不断进步，平庸者将会被不断鞭策，而消极者将会被淘汰。

第三梯队：流动机制。

对企业来说，重要的不是拥有多少人才，而是企业能否有效地使用现有人才，保证他们人尽其才。仔细观察便不难发现，不少企业都忽视了后者，一味追求人才的数量，最终导致人才浪费。

一个企业想要实现长久发展，就必须要对岗位人才进行流动机制管理，即对一些岗位的人才做出阶段性调整，稳而不僵、活而不乱，使企业始终保持在最佳状态。那么，企业该如何建立合理的流动机制呢？

一方面，加强对人才的保护工作。对一些为企业做出重大贡献，或是有着极为突出的工作能力的人，企业都应遵循"感情留人、事业留人、待遇留人"的原则，为人才创造良好的工作环境，保证人才和企业的双向稳定。另一方面，进行岗位竞争。岗位竞争是发掘企业内部人才的重要方式之一。进行岗位竞争，可以加快内部优秀人才脱颖而出，调动老员工的积极性，使全体员工看到未来的发展前景。

第四梯队：资本扩张机制。

资本扩张机制主要是指企业在短期时间内，集聚大量资本。资本扩张机制的目标是使企业形成规模效应，进而降低发展成本，提升企业整体竞争力。

规模效应是指企业的生产规模达到一定程度之后，生产和管理成本将会下降，而利润增加的现象。就像一个企业生产一万个产品和生产十万个产品，显然后者的利润更高。而形成规模经济的重要一点就是合理规划资金投入，最大限度利用有限资源。

资金短缺往往是企业发展的"拦路虎"，掣肘企业发展。所以，企业要合理规划发展前期、中期和后期的投入，注重资金投入比例。尽量避免出现前期资金投入过多，中后期资金短缺的现象。

◇ 做对四点，一战成名

企业管理机制是企业发展的基础。在管理机制的帮助下，企业才能实现可持续发展，站在市场的角度，预见企业未来发展，助力企业突围困境。但，企业管理机制不是摸着石头过河，而是全方面、自上而下的系统规划。

诸多企业都曾有过关于战略规划的设想，消耗了时间和人力之后，却发现最终呈现的效果却不尽如人意。若是企业想要改变这种"理论的胜利者，行动的失败者"的局面，在行业中突围而出，加大自身获胜的筹码，就要掌握设计企业管理机制的四个宏观要素。

第一，管理机制的系统化思考。系统化思考是寻找问题根源，而不是仅看表面现象，忽略引发表面现状的根本问题。企业如果仅是根据表面现象而采取对策，往往只是治标不治本，事倍功半。比如，企业执行力低，从表面来看，可能是因为激励制度或沟通机制导致的，但通过系统化思考之后，便会发现导致这一问题出现的深层次原因是企业的用人机制问题。

第二，管理机制的落地方法。系统化思考在企业中必不可少，但只有思考却无落地方法对企业来说也只是纸上谈兵。管理机制需要系统化思考，更需要切实可行的落地方法。管理机制的落地方法包括企业中的战略规划、人才调动、产品创新等。落地方法是管理机制顺利进行的基本保障。

第三，管理机制的数据化分析。落地方法是企业最为重要的指向标，但是只有一个指向标是远远不够的。企业要想在市场和行业中脱颖而出，在管理机制落地的同时也需要具备一套科学的决策机制和运营管控体系，通过量化的语言去分析与决策。企业的发展不是基于企业管理者的感觉，而是基于精准的数据。精准的数据是进行管理机制的基础条件，也是企业实现精细化管理的前提条件。

第四，管理机制的科学化分解。执行力直接关系到管理机制能否长期进行。企业如果无法拥有高效执行力，那么也就无法拥有管理机制。管理机制是需要有企业管理者和员工的执行力才能顺利进行的。但是员工的执行力在哪？很多企业管理者将工作布置给每一个员工，就认为可以得到高效执行力。但其实并非如此，企业管理者要想具备高效执行力，就要先学会分解工作，将工作转变为动作，再通过标准化流程和工作将动作转变为"规定动作"，借此来激发员工的主动性，提高员工的执行力。

面对不确定的未来，面对危机重重的行业，诸多企业都在思考是静候局势发展，伺时而动；还是先发制人，引领行业发展？不管是前者还是后者，企业都应是基于管理机制的基础，这样，企业才能在动荡的行业中稳步前行。否则，企业极易陷于危机之中，被变化的市场淘汰。

三　如何驱动企业组织系统

曾经有一项调查，问企业会把工作任务事事分配到部门和员工还是通过系统进行管理？

90%中小企业都选择了前者，因为他们觉得这样做可以避免工作落空。这个答案看上去很完美，实质上却不是这样，久而久之你会发现，企业逐渐陷入了"双维绝杀"——老板累死，部门和员工困死。

事事分配到部门和员工，不仅会导致原本具有创新思维的员工被困于既定的工作之中，同时也让工作和参与工作的人越来越被动。所以，在重塑管理过程中，企业需要借助"广角镜"，来全面系统地掌握企业的运作，来勇敢面对未来的不确定。这个"广角镜"就是企业组织系统。

✧ 企业不能"只见树木，不见森林"

目前，不少企业依旧沿用分割式的思考和管理模式，让生产、销售、人事、研发和财务五大板块"各司其职"，研发部门只考虑产品创新，却不顾忌市场需求和研发成本；生产部门只思考大量生产产品，却不顾忌销售压力和市场饱和度……彼此之间鲜有联系和融合。

长此以往，只会让企业一步步走向"低效能""无效率""零发展"的困境。所以，在运作和发展过程中，企业要驱动把自己的组织系统驱动起来。

在企业管理中，由一群有关联的个体所组成的集合被称为系统。组织系统是企业的管理系统，它是严密且合理的组织构架，帮助企业进行职权划分，并建立严格的规章制度，从而提高企业的管理成熟度，激活各级人才，为企业带来长期利润。

让组织系统高效地运转，不仅是部门之间的协作，更是提高部门和员工效率的最有效手段。

首先，组织系统可以帮助企业持续提高利润。

在组织系统的驱动下，企业可以处于良性运作和高效运转的持续性发展状态中，获得更多的空间优势，从而帮助企业在最大限度上把握市场机遇，实现利润的持续提升。

其次，组织系统可以激活企业员工的能力。

不少企业存在管理角色错位的现象，企业设立过多的管理层级，不同层级的管理人员却有着相同的工作内容，最终造成"中层搞管理，老板跑业务"的错位现象和人力资源的浪费。而在组织系统的驱动下，企业可以设置多通道的职位序列，根据不同职位的人的能力，将他们放在不同的序列点上，最大限度挖掘员工的潜力，释放员工的能力。这样，既可以使企业效率最大化，也可以让员工感受到自身价值。

再次，组织系统可以保证各部门的高效协作。

部门职责混乱是企业管理过程中最常见、也最难以解决的问题。部门职责不清一方面是各部门职能重叠，另一方面是职能空白。部门职责不清直接导致有的事情没人做，有的事情人人都在做，最终严重影响工作效率，打击员工的积极性。而组织系统则可以帮助企业设计科学的组织结构，保证各部门分工明确，岗位职责清晰，从而保证各部门之间的高效协作和企业的高效率运转。

最后，组织系统可以明确企业未来的发展战略。

发展战略是企业经营活动成败的关键性因素，但很多企业虽然有发展规划，却缺少前瞻性，使得企业战略不明晰、不稳定。

与此同时，组织系统也是可以兼顾当下与未来。

一方面，企业组织系统对现实具有预判性，它能够有效评估市场、行业和企业的现状；另一方面，企业组织系统对未来具备预见性，它能够根据政策优势，预测未来的发展走向，加大企业的抗风险能力。

对于身处激烈市场竞争环境的企业来说，组织系统是企业在市场中谋生、谋发展的必备品。建立组织系统的企业也会随之面对另外的难题——如何驱动企业组织系统，所牵涉层面之广、之深，绝非是用文字和理论就可以给出答案的。所以，建立企业组织系统的企业，需要有能力厘清并解决这一难题。

✧ 用"广角镜"看效果

组织系统是无尽的"蓝海"，有挖掘不尽的红利，那么企业该如何运用组织系统这一"广角镜"，实现高效运转呢？

"广角镜"的"景深"效果。

组织系统需要与企业发展步伐一致。组织系统支撑企业组织生产、技术、管理及其他活动的运作，是企业有效运转、有效经营的体系框架，是企业实施人才管理、机制管理和绩效管理的基础。

组织系统包含七大板块，即组织机构、工作分析、薪酬设计、绩效考核、招聘管理、生涯规划和培训管理。这七大板块是企业阶段性发展的必然产物，但也要学会"变通"。"不变"是企业稳步发展的根基，应明确自身发展的大方向，"变"则是适应市场，应遵循"实践检验、不断调整"的原则。

组织系统的"不变"与"变"是灵活的，而不是随意的。"不变"的是用户，是市场，是文化；"变"的是规划，是管理，是工作。在"变"与"不变"中，企业必须要懂得在"不变"的前提下，做出一些"变"，而不是囿于"刻舟求剑"的固定思维之中。

"广角镜"的"拉伸"效果。

组织系统应科学制定与设计。首先，不论是"不变"还是"变"的企业组织系统，都应进行明确的职能分析和设计，将管理职能和工作任务层层分解到各个部门；其次，设计工作程序、制定工作标准，将其作为员工的行为规范；再次，搭配合理的激励制度和考核方法；最后，进行搜集与反馈，对工作结果和流程进行定期或不定期的搜集，重新审视过程是否已达到最优，从而再次进行修正调整。

"广角镜"的"透视"效果。

组织系统应以"提高企业整体工作效率，保证项目的顺利实施"为前提设置。企业组织系统是企业对各部门的工作关系形成的公式系统，全方位反映部门与部门、员工与部门的合作情况，做到凡事有交代，件件有着落，事事有回音。

信息化时代，组织系统也应该摒弃过去工业时代的管理方式，通过驱动组织系统，让部门之间实现高效协作，让部门之间实现高效率沟通，从而提高企业的决策速度。

"广角镜"的"望远"效果。

组织系统应该在企业经营战略指导下，用工作结构分解方式完成确定。根据企业经营战略定下的目标，按照当下发展的实际情况、管理需要、市场环境和行业情况，通过对职能部门和重要管理岗位配置，来实现对组织系统的驱动。同时，企业还应有效解决责权不统一，解决授权与监督的问题。

驱动企业组织系统的重要意义并非在于抛弃旧模式，而在于建了一个新架构，在于提高了企业效率，在于跟得上市场的变化，在于让企业具有预测未来的能力。

◇ 激活超效率，实现 1+1>2

效率从哪里来？这个问题有过很多答案，但理论上答案和实践后的结果往往存在"隔阂"，有些答案被验证有效，却又因为时代和市场的变化而失效；而有些答案却始终得不到验证，最终被束之高阁。

互联技术的出现，不确定性与日俱增，市场上随时随地都在上演着"重塑"，无数新的管理模式与商业模式纷纷登上了市场的"大舞台"。在此背景下，我们已经不能仅从自身发展的角度来看待环境的变化，而是要站在组织系统的视角来看待变化。

组织系统赋予企业一个更加广泛的视野、更加强有力的关联以及更高联动的团队。所以，企业将呈现出与以往不相同的情形，那就是企业的效率不再仅来自部门的分工，更来自企业组织系统。

企业是一个整体，进行组织系统管理才能实现 1+1>2 的内部协同效应。而企业想要实现 1+1>2 效应，一方面需要企业内部利用网络建立自己的局域网，全面掌握部门之间的信息沟通和反馈情况，改变因沟通不到位而造成的效率低下的现状。

另一方面，企业要让各部门互为主体，打造开放合作式的有机生态系统，打破传统的单向线思维，形成双向甚至是多向的思维模式，使各部门可以最大程度实现自身价值，从而实现 1+1>2 的协同效应。

除了双向或多向思维模式的形成，企业还应系统掌握各部门的优缺点，进行扬长避短，让各部门之间工作互补，从而在全体员工的共同努力下创造出新事物和新想法。

当下这个时代，是一个不断向上的时代，是一个急速变化的时代，每个企业都在不断增长。在组织系统激活了 1+1>2 的超效率后，企业将会在市场中拥有强有力的武器，如此才能在市场中走得更远、更好。

第七章

重塑招商：资本时代下的招商策略

从开始到扩张，从扩张到稳固，是商业文明进化的一部分。市场属于谁，无人可知，只是没有硝烟的战火不断燃起，重塑着秩序。在巨头博弈面前，在囚徒般的困境中，企业盯着市场，意图通过招商的方式扩张疆土，扩大领地，稳固地位。

企业要生存求发展，招商是最快速、低成本的方式。5G智慧商业为资本时代的招商增添了新的可能性，让招商有望借助数字经济腾飞成为企业发展的新引擎。破除在竞争激烈的市场中，招商成功率很低的魔咒。企业想要快速打通招商路径，就要在资本时代下重塑招商策略，开启市场探测器，实现招商落地。

一　唯有营销才是利润

据消息称，卫龙计划 2021 年在香港首次公开募股，募资 10 亿美元。卫龙创立于 1999 年，历经 20 多年的发展，将小小的街边零食，做成了全国知名品牌，创造了年销 100 亿包辣条的奇迹。这成功的背后，营销是一大"功臣"，卫龙依靠花式营销成功"出圈"。

好的产品，需要好的营销。卫龙的营销时常脑洞大开，并善于利用互联网，贴近消费者心理，根据热点话题为营销造势。卫龙甚至以自黑的方式，打造话题性，吸引大量目光，而后以黑治黑，成功反黑，形成自黑式营销。

卫龙营销的负责人曾表示，营销预案做好后，团队开会讨论预案细节，只要有一个细节不够有趣，这个预案就会被放弃。卫龙依靠脑洞大开的花式营销策略，让卫龙辣条在几千家辣条企业中"出圈"，成为"零食网红"。因此，营销之于企业，是其不断进攻市场的重要一环。

许多企业在自己的行业或领域中鏖战多年，早已懂得产品即王道，只有打造出尖刀产品，才能打开在层层围困中打开一个缺口。但有好的产品卖不出去也是徒劳，产品需要营销，唯有营销才是利润，企业经营的最终目的就是利润。所以，就如同麦当劳，即便营销方式颠覆常规，但它最后却赢得了真实的利润。

✧ 营销引擎，错位的赢家

在传播手段越来越繁杂，传播内容的时效性越来越短的大环境下，营销似乎正在渐渐失效。普通的营销方式越来越难以吸引消费者的目光，甚至与消费者对视的机会都没有。所以，企业要做的就是抓住营销本质，重塑营销方式，创造营销新引擎。

2020 年 6 月，京东到家平台首次推出以国民 IP "王者荣耀" 为主题的超级品牌日活动，此次活动不仅加入了热门游戏 "王者荣耀" 元素，更是为联合利华这一品牌独家定制的。活动主要结合疫情期间 "宅经济" 这一热点话题，以 "宅家上分，王者人生" 为支点，线上线下全域联动，全渠道营销，以提升联合利华的品牌销量，创造品牌价值。

随着微电商时代的到来，全域、全渠道营销成为众多零售商、品牌商所追求的营销方式。利用这一巨大需求性，京东到家创造了 IP 营销活动的新思路，即以国民 IP 加持并专属于单一品牌。其实，在微电商时代，超级品牌日营销活动对于零售商、品牌商等来说，具有实际的价值与意义，能够让其更好地了解营销渠道整合所产生的裂变式价值，从而实现精准高效营销。

这场 "独宠" 的超级品牌日活动，使得联合利华打通了线上、线下渠道壁垒，实现了线上线下一体的全渠道营销，创建了融合生态。线上，京东到家携手联合利华进行直播，充分利用京东平台快速配送的优势，以

"直播购物 +1 小时送达"的形式，促进营销，引领 O2O 升级。线下，京东到家发挥平台的优势，与联合利华线下上千家门店协作，实现物料露出，与线上营销联动。此次活动以"线下门店物料露出 + 线上品牌直播到家"的全方位营销模式，真正意义上实现了全域零售、全渠道营销。

经过此次营销活动，联合利华的品牌销量大幅提升，尤其是在国民 IP 的加持下，消费人群高效转化，用户黏度不断增加，实现了京东到家与联合利华的双赢。活动期间，联合利华整体销量同比上月同期增长超 450%，主推品类同比上月同期增长超 640%，主推清扬品牌同比上月同期增长超 1260%。

对于品牌商而言，京东到家这种即时零售平台，可以实现用户导流，将线上流量引导至线下门店，打通线上线下独立存在的两套营销体系，将其融合为一体，以全新营销引擎拉动营销增长。京东到家携手联合利华打造的"王者荣耀"超级品牌日活动，是京东到家为品牌商塑造 IP 营销迈出的第一步，也是重要一步。京东到家以一套闭环品牌营销生态系统，帮助零售商或品牌商在不同的场景下对用户实现精准触达，增加黏性，不断提升品牌营销爆发力。

唯有营销才是利润，唯有利润才能生存。京东到家开辟了品牌 O2O 全渠道营销创新试验田，是对营销模式的又一次升级。今天的商业模式颠覆了世界，改变着人们的思维方式，也改变了营销方式。企业营销是其获得利润的手段，营销模式的升级是企业在多变的时代下，为追求更多的利润所创造的。在多元时代，重新谋划营销，重塑玩法，是企业必思的重要课题。

✧ 万般营销皆是术

为什么别家企业赚钱总是轻而易举？关键在于营销。很多企业都在研究营销，市场营销俨然已经成为众多企业的核心突破点，营销做得好，企业才能获得真实的利润。其实，市场营销的关键在于企业抓住营销的本质，营销是一种艺术，而不是科学，它的影响主要通过品牌忠诚度来感知。在当下这个时代，企业需要塑造全域营销，以对抗现下市场的不确定性，并且重塑营销思维，洞察营销的本质。

全域营销术：搅动不确定性。

2020 年，因为疫情的原因，整个社会陷入了不确定性的巨大漩涡之中，人们的工作、生活随时可能被按下暂停键，规划在这一年失效，变化随时而至，人们惶惶恐恐前行。企业在这种不确定的大环境下更是充满不安，未知的前方好像一条无灯的隧道，企业不得不制定 planA、planB、planC 等一系列备选计划去应对不确定性的未知。聚焦到营销领域，企业营销更是面临着巨大挑战。例如，企业要举办一个线下活动，受疫情影响无法实现，便可能终止或转为线上，如此一来，企业原本制定的线上营销策划成为虚影，无法使用。如果企业没有未雨绸缪，制定出终止或线下营销备选方案，那么，企业面临的损失可想而知。如何打败这种不确定性的营销局面呢？答案是，用全域营销对抗不确定性。全域营销与当下不确定性的环境形势非常契合，以全域营销的思路去重塑营销体系，在这个不确定性的时代是一种明智的选择。

全域营销的关键在"全域"两字上，在于全洞察、全渠道、全媒体、全链条的集中联合。以全面、确定的信息应对不确定的市场，从而使得营销效益放大，是全域营销的关键所在。

其实，如果站在全局的角度看全域营销，并没有本质性的变化，最终目的就是卖出产品，获取利润。但全域营销的内涵更丰富，可以让企业多维度洞察消费者。全域增强了众多消费场景的串联性，使得多个客户端对消费者的画像能力更加精准。而通过线上线下全渠道的营销渗透，每个营销环节的效率和精准度也大幅提升。因此，当前形势下，企业积极布局全域营销是必然的、明智的选择，企业要依据外界形势的细微性变化对自身的营销进行升级转化，补上全域营销这堂课，利用全域营销应对社会的不确定性才是营销王道。

思维重塑术：颠覆营销结果。

大多数的人是感性的，往往会依据自身的观念支配行为。不同的观念，导致不同的行为。人是独立存在的个体，在思维方式上具有重大差别，而思维方式的不同，也使得人的行为产生不同，最终引导的方向也会不尽相同。所以，企业管理者的营销思维对企业营销结果具有重大影响，不同的营销观念，会将营销结果推向未知的方向。

企业管理者要懂得，营销这一行为是由营销思维支配的，即便营销具有多维性，也要通过复杂的表面直视内核。通过改变思维，才能改变营销结果。

营销人员重塑营销思维可以从细分思维和流量思维着手。细分思维是指要有细分概念，不可一概而论。市场可以被细分成无数的小市场，随着新行业、新领域的不断延伸，市场会越来越细分化，而这无数的小市场之间存在差异。因此，企业做营销时一定要注意到这些差异，根据市场差异化细分出自己的目标市场，而后做出具体营销方案。

流量思维对于企业营销而言十分重要，流量本身就是金钱，其在一定程度上影响着企业的生存与发展，没有流量、没有热度的企业，也不会为人所知。所以企业要具有流量营销思维，一方面可以利用大平台积累流量，另一方面可以学会自己引流，为自己创造流量池。例如，企业可以自己制造自身的热点与话题，引发关注。企业要懂得各种思维裂变的方式，不仅要利用公共区域高效引流，更要打造属于自己的私域流量池，并将更多的流量转化为留量，将消费者转化为忠实用户。

解决冲突术：抓营销本质。

现如今，营销方法越来越多，但实际营销却越来越难，主要原因是营销方法没有抓住营销的本质。营销的本质是什么？是洞察消费者需求，解决消费者的冲突。那么，什么是消费者的冲突？有限的需求与无限的欲望之间、感性消费与理性消费之间，往往是冲突的核心点。例如，美食与肥胖，很多消费者会在这两者之间产生冲突，要美食便可能会长胖，但对美食的渴求又无法让消费者理性克制，这就是消费者的矛盾点，也是冲突点。而如果有一款产品在营销过程中抓住了冲突所在，解决了美食与肥胖的冲突点，那营销的最终目的便达到了。

企业要时刻明白，营销的本质是解决冲突。一切营销都要回到根本，洞察触点，如此，才能将消费者拉进"阵营"，让消费者产生牵挂，让营销创造利润。

利润是企业的本命，唯有营销是利润，产品只有销售出去才能被真正叫作产品。但充满不确定性的社会、萎靡的经济，丧失元气的企业，不利的时局考验着营销人员，危难时显身手，各家企业营销人员的本事如何，在如今时局中，方可见真章。

二　市场：重塑招商前的策略抉择

很多企业在自身项目招商方面有一定的市场嗅觉，但做好一个单店容易，想要将单店变为多店，将蛋糕做大，通过招商加盟的形式进行市场扩张，实现规模的增长，不是一件易事。按照如今的市场境况来看，招商不易，需谨慎考虑。招商策略并不是简单形成的，企业招商需要考虑多方面的因素，市场就是众多因素中首要的，也是最重要的一点。

市场是企业重塑招商线的策略抉择，招商前进行全方位的市场调研与分析，才能寻找到市场的显性需求，挖掘出市场潜在需求，而这也正是企业的机遇所在，是企业创新的空间，依据市场才能制定出科学、合理的招商策略。企业要学会以"点、线、面"的结构去思考、分析市场，最终实现快速扩张。

✧以点为盾，内视透析

每家企业都是一个个体，也是市场中存在的一个点，企业在重塑招商策略前，进行市场分析，首先要从自身着手，也就是知己。企业要明确自己在市场中的定位，通过大数据分析了解自身产品在市场中的推广度，以及主要的目标受众群体的比例。

市场定位：市场定位是企业根据自身的特性，以及市场竞争境况，确定企业未来的发展目标与方向。在危机与生机并存、围猎与突围共生的时代，企业的突围之路尚不明晰，从困局中突围，离不开全新的商业模式，重塑商业，则离不开正确且精准的市场定位。定位可以让企业在广袤的商海中找准发展的着力点和突破口，寻找到自己独有的价值与归宿。此外，在明确市场定位的过程中，企业也可以逐渐了解到自身在市场中的核心竞争力，从而利用自身的优势，对市场进行细分，集中力量，焦点经营。

企业明确自身在市场中的定位，才可以有更加清晰的战略规划，在制定招商策略中也可以展现出企业在市场中的优势与立足点，可以让他人能清楚知道企业未来的发展是否与自身的预期相符合，才能与企业产生思想上的契合，从而与之合作。

产品市场推广度：产品市场推广度是指企业产品在市场中消费者的知晓程度。产品市场推广的过程就是企业为了扩大产品的市场占有率，提高产品的销量与知名度，而将产品或服务信息传递给消费者，从而激发其购买欲。其实，在一定程度上，产品市场推广度，也侧面反映了消费者对产品的接受程度。如果企业的产品在质量、用户体验等方面，都占据优势，可以得到消费者的高评价，消费者自然愿意将好的产品推荐给所熟知的人，如此一来，产品知名度提升，其市场推广度必然不低。但，如果产品或服务无法给予消费者良好的用户体验，那么，市场推广度也不会很高，企业便无法扩大市场份额。

我们身处大数据时代，信息、技术、产品等更迭速度不断加快，人们的需求也在日益变化，企业在制定招商策略时，要通过大数据的处理、分析与对比，了解产品在市场中的推广度，推广度的信息可以很好地反映出消费者对产品的态度，企业进而可以据此做出调整，让他人知道产品在市场中有较高的推广度，从而打消心中的疑虑与忧患，选择与企业合作。

目标受众群体的比例：产品的受众群体比例是指产品在各年龄、性别中所占据的消费者份额是多少，通过对比全体受众的比例分析，企业才能更好地了解产品未来的主要推广方向。对于一些企业而言，其产品可能面向的是全体消费者，如此一来，企业就要进行大量的数据分析，从性别、年龄两个层面去分析产品受众的比例。例如，某款产品从性别上分类，男性消费者占比70%，女性消费者占比30%；从年龄阶段分类，青少年占比30%，中年占比50%，老年占比20%。综合所有比例，从而精准明确主要受众群体，企业可以以此调整战略规划。明确受众群体的精准比例，在制定招商策略时，便可以向他人展示出主要市场推广方向，以及消费者比例信息，让他人对产品市场有大致的预判，可以让其更好地作出分析，从而开始与企业的合作。

用力找出切入点，市场一定会发出响声。企业在对市场进攻之前，首先就要将自身作为一个点，然后分析这个点，越精准的分析，越能让企业在招商前认清自身这个点在市场中存在的特殊性，从而以点引线，快速冲击市场。

◇ 隐匿光影的"绊脚线"

企业处在一个机会闪亮的时代，对于任何企业而言，获取机会在于运气，更在于自身的努力。招商的成功，正是需要企业能够迅速确立起竞争优势，而这一点，在于企业对同行业竞争的分析，分析行业内做得最好的几家同类竞品，洞察他们的品牌优势、市场情况、招商政策等。这是以点汇集而成的一条竞争线，从行业竞争角度寻找到空缺市场，从而快速调整企业策略，使企业处于优势地位，从而保持项目在市场上的稳定性或者快速提升市场占有率。

同类竞品的品牌优势：品牌是消费者的信仰，能够让消费者忠诚追随。在产品竞争、定位、渠道竞争等走入红海时，唯有品牌成为最后的竞争力。品牌具有内在的情感价值，是与消费者进行内在的沟通。品牌优势是企业长期立足市场的着力点，企业要分析出同行业中最好的几家品牌所占据的优势，分析他们的品牌为什么能够让消费者所追捧。只有分析出其品牌优势，企业才能明白自身品牌为什么在市场中的推广度不高。同时，企业还可以通过同类竞品的品牌优势，了解到消费者的喜好，探究到其市场的延伸范围，从而快速调整市场角度，寻找空缺市场。

如此一来，企业在制定招商策略时，便能明晰哪些更加细化的市场尚且可以进攻，从而让他人看到产品在市场上的发展希望，看到未来的前景，从而与企业进行合作。

同类竞品的招商政策：企业能够通过招商快速抢占市场，说明企业在招商方面存在一定的优势，品牌优势是一种因素，除此之外，招商政策也是一种因素。同类竞品的招商政策是企业需要重点关注的，招商政策的优劣在一定程度上影响着加盟者的意向。招商政策是企业通过制定一定的招商条件，为加盟者提供相应的利益。例如，有的企业在制定招商政策时，表示可以为企业提供开店设备，这在一定程度上为加盟者节省了成本，对加盟者有一定的吸引性。

因此，企业要认真分析同行业竞品的招商政策，了解其招商底线，以及其在招商政策中所具有的大局思维。企业可以对标其招商政策，根据行业中的政策标准，做出最大程度的让利。

✧ 横面纵观，点到不止

一个企业是市场中的一个点，而企业存活于行业之中，企业以点汇线，行业以线汇面。企业要明确自身所处行业在市场中的价值空间，以及行业目前所处的发展阶段，如此，企业才能做出正确的招商策略。行业发展大致分为 4 个阶段，即第一阶段——萌芽期、第二阶段——成长期、第三阶段——饱和期、第四阶段——整合期。不同的行业发展阶段，企业需要有不同的战略姿态，四个阶段展现出一个行业的发展，这是一个行业面，是企业制定招商策略所需要参考的整体形势。

萌芽阶段：如果企业所处的行业正值萌芽阶段，市场刚刚发展，只有少数企业进入市场，那么，此时的行业在市场中具有广阔的前景，市场这快"蛋糕"才刚刚被人挖走一点而已。所以，此时企业可以采用分店模式，标准化复制企业，在制定招商策略时，也可以放慢扩张速度，一步步试探市场，积累经验，强化前期市场。

成长阶段：当行业处于成长阶段时，此时已经有了一定的发展根基，但这个阶段也正是市场混战的时期，各个企业间竞争激烈，但只有少数企业领先，其他企业依然在混战中不可自拔。处于这个阶段的企业就要瞄准时机，跑马圈地，疯狂扩张。此时，市场尚有空隙，而且随着企业不断涌进，市场渐渐会趋于饱和。此时，企业在制定招商策略时，采用先占后整的激进策略，抢先占位。

饱和阶段：行业发展到饱和阶段，便说明巨头企业出现，市场竞争也逐渐趋于稳定，整个市场处于一种基本饱和的状态。整个行业成熟且稳定，有序前进。此时，企业如果要制定招商策略，对行业在市场中的发展程度分析后，便会懂得，处于饱和阶段的行业适合稳健性策略，在招商过程中不断搭建竞争壁垒，筑造围墙。

整合阶段：当行业进入整合期时，市场红利消失殆尽，越来越多的企业跻身市场致使产能过剩。此时，行业要想剔除"固锈"，重焕生机，就需要资本介入，重新整合行业资源，清除过剩产能，砍掉肆意横生的"狂草"，重塑市场效率。这个阶段的企业，要做的就是收缩，保证自己不被市场与资本淘汰，只有挺过这一阶段，企业才能进入新的发展周期，实现涅槃重生。

任何一个维度的改变，都可以改变招商的结果，点、线、面三个维度是企业重塑招商策略的重要分析要素。其实除了企业自身、同类竞品、行业市场外，还存在一个大的体，即国家政策与方针，这是市场发展的大环境，也是企业招商抉择的支撑力。市场的发展时刻紧跟国家政策，社会大环境也会影响未来的行业发展，企业在重塑招商前要分析市场，就要以国家为大体，分析国家形势、紧跟国家势能，把控大方向。

企业要明白，启动招商的目的并不是简单的圈地扩张，招商需要企业从更高的维度去思考企业未来的发展格局。企业一旦踏上招商之路，就是在以自身的信誉做赌注。正确、合理的招商策略，才能打动别人，合作才能持久。

三　渠道：网销、会销、分销的制胜法宝

企业在成长过程中会遇到无数道选择题，未来方向、产品特性、业务分类、营销渠道等，都是企业需要面临的选择题，企业选 A 或者选 C，便会形成不同结果。聚焦到商品流通渠道这一策略上，企业的选择也关乎着未来的命运。社会生产力的发展水平是产品流通渠道形成与发展的基础，不同产品的属性、消费结构、消费方式等特点，形成了功能各异的网销、会销、分销等销售渠道。这些渠道为企业搭建了一条营销通道，如何选择这些渠道，是企业最大程度占领市场的重要一环。

❖ 网销，一个时代的宿命

进入网络经济时代以来，越来越多的企业认识到互联网对企业经营的重大意义，纷纷跻身其中。网络时代，人们的消费观念与形式也发生了转变，常规的营销形式逐渐失效，需要企业不断创新探究。为了适应消费者新的消费特点，新一代的营销渠道——网络营销张开了一张大网。

网络营销是以互联网为载体，通过网络实施的营销活动。这一营销形式不仅可以扩大消费群体，打破地域限制，还可以节省交易的成本和时间，从而实现高效快速的利润转化。网络为消费者带来了极大的便利性，对不同企业的产品与服务形成了更加直观、便捷的对比，尤其是在个性化消费日益明显的网络消费环境下，网络营销更是提高了产品和服务的效用。

我们常见的网络营销渠道多样化，如短视频营销、自媒体营销、直播营销、微博推广等，每一种形式都各具特点。但互动营销是助力企业高效营销的利器，这也就是为什么直播带货成为当下最火爆的营销模式。如今，几乎各个企业都转战到了"直播"上，即便是占据线下优势的家电行业也开始重塑营销渠道。

一直以来，格力的营销渠道以线下为主，线下营销是其主要的营销核心，其探索出的线下代理分销模式，是格力的独特优势，也是攻而不破的铠甲。但是，由于疫情的影响，格力在营销上则显得有心无力，其一直以来被视为优势的线下渠道成为格力营销的软肋。此外，同行业的竞争企业奥克斯在营销上探索出"互联网直卖"模式，这一模式严重威胁了格力一直赖以生存的代理营销模式，直击格力尚未愈合的"伤口"。格力明白传统的线下营销渠道已不适合现在的境况，为了扭转局势，格力试图重塑营销渠道战略，重塑自身竞争力。

2020 年春节后，格力在珠海总部召开了一场关于营销渠道变革的专题会议。2020 年 4 月，格力便开始转战线上渠道，并选择了"直播带货"模式。期间，格力董事长董明珠更是亲自下场"直播带货"，带货效果越来越好。6 月 1 日，董明珠与"格力董明珠店"、天猫、京东等几大平台携手，联合全国线下约 3 万家门店进行直播活动，直播销售额约 65 亿元，相当于格力一季度销售额的 32%，创下了 2020 年以来的销售新高。

重塑营销渠道，打开线上营销无疑是格力破局的关键。格力通过新一轮的渠道变革，重构新的成长路径，为其营销开创了一个新局面。

直播是如今网络营销中最火爆的形式之一，众多企业纷纷下场，尤其是疫情过后，直播营销更是打开了更为广阔的市场。但是企业需要注意，要想在同行业的直播营销中取得关注，就要懂得直播营销的策略。例如，明星下场直播。明星是最具粉丝量与话题量的，直播营销依然受粉丝量的影响，明星直播营销可以引来大量粉丝群，其公众形象也更容易让消费者相信企业品牌。

虽然网络营销随着时代的发展，逐渐成为当下的主流营销形式，但并不是所有企业都适合这一形式，企业需要认真分析网销存在的优劣势，从而判断网销对于企业营销是否有推动作用。

网销的优势：一方面，网销的市场规模较大，尤其是打破了地域的限制，减少市场壁垒，带来更多公平，尤其对于中小企业而言，能够使其产品信息传遍市场各个角落，从而可以拓展更多的消费人群，为中小企业创造更多的机会；另一方面，网销使得产品信息传递快，商品品种多样化，在一定程度上可以实现信息对等，而且网销流通环节少，可以降低交易成本。因此，良好的网络营销渠道能使企业在迅速变化的环境中，灵活敏捷地抓住机遇，迅速地作出有效反应。

网销的劣势：首先，网销缺乏信任感。网销环境下，企业与消费者之间隔着网络与屏幕，缺乏直接沟通交流的机会，因此，往往无法为消费者提供较强的安全感与信任感。其次，缺乏体验感。用户体验是当下企业愈发注重的一点，网销会限制消费者的体验感，尤其是以触觉、味觉为主的产品，更是无法通过网络传递给消费者。因此，也会让消费者对其产品的购买产生顾虑。

所以，企业不要盲目跟随营销渠道的主流趋势，而是要理智分析自身是否适合。比如，对于体验感有较高要求，产品时效较短的企业就不适合网销渠道，而是适合可以与消费者直接沟通交流的营销渠道。

✧ 会销，创新驱逐固锈

2020 年新冠疫情暴发，武汉是疫情最为严重的城市，也是受影响最深的一座城市。众多中小型企业在全面封城期间难以维系生存，纷纷退出市场。火星人集成灶武汉店在这样的困境下，没有坐以待毙，而是化被动为主动，迎难而上。疫情期间，售后人员一直坚守在岗位上，以求第一时间为客户解决问题。

武汉解封之后，火星人集成灶武汉店迅速布局，展开单店会销活动，保持着每月一场会销的标准不断开展工作。2020 年 9~11 月份，更是将每月一次会销活动增加到每月两场，而且都取得不错的效果，会销现场氛围热烈，客户踊跃下单。

会销，被称为会议营销，属于单层直销，是指以科普讲座、联谊、旅游等形式，组织消费者购买产品。其基本要素分为三部分：会议之前；会议之中；会议之后。

会议之前主要是搜集消费者数据信息，针对产品受众进行名单收集，并要求名单真实、客观、实用。收集完信息后，再确定以怎样的形式进行会议营销，从而更好地进行现场布置，实施营销。最后再对受众群体进行不同情况的细分，并通知消费者到会议现场。

会议之中的主要任务就是进行现场销售活动，充分掌控消费者心理，激发消费者购买欲望。具体展开形式根据活动内容灵活调整，但其中产品功效、文化理念等因素是必然展示的。

会议之后主要是跟进服务，对消费者再次进行筛选，确定出有效名单，而后做好后期跟进服务，确保用户黏度。

会销是市场上最为传统的营销渠道，但也是曾经最为火爆的、具有巨大销售力的营销形式。与网络营销不同的是，会议营销与消费者贴近，是直接面对消费者的营销方式。营销人员可以与消费者直接沟通，一站式完成销售交易的全过程，这一点是其他营销方式难以做到的。此外，会议营销的现金流回溯快，可以说是当场回流，直观盈利。会议营销的信息反馈也很快，营销人员可以与消费者深入沟通，并在第一时间直接了解消费者信息反馈，便于企业快速调整营销策略。

色彩有黑白，凡事有好坏，当你看到美好的一面时，也不要忘记反转它的另一面，也许"暗物质"就在你看不到的地方伺机而动。会议营销是张双面卡，在具有优势的同时，也暗藏着不足。首先，会议营销成本较高，会场租赁费、招待费、赠送礼品费等一系列费用是一笔不小的开支。而且，如果会议营销宣传效果不好，参加人数较少，盈利不可观，就会导致企业的亏损。其次，会议营销的范围较小，不适合展开大规模营销活动，企业只能依靠营销次数提升效能。最后，会议营销对产品的要求很高。会议营销不同于网络营销，营销产品是可以直接亲身感受与体验的，产品功能要求见效快，如果产品功效不显著，消费者很难买账。

会销其实是具有直接优势和效果的营销渠道，利用这一营销渠道做得最成功的应该是中国保健品行业，这一行业以会销的形式，在老年人群体中打开了广阔的市场。如果企业想要以会销的方式销售产品，留住消费者，要创新会销理念，创新品牌。企业真正能够做到品牌的高度，可以给消费者留下深刻印象。尤其是在以会销的形式进行产品销售的过程中，可以让消费者对产品产生信任，从而使企业在同质化严重的会销市场中成为一股清流。

新时代、新挑战，新思维、新做法。会销模式就如同是多年的宝藏，只是被蒙上了一层灰尘，革新形式，清除灰尘，会销会散发出彼时所具有的光芒。所以，企业要合理利用会销渠道，寻找符合自身情况的会销模式，守正出奇，将价值凝聚在一起，带来更多质的提升。

◇ 分销，发酵下的异裂

和会销一样，分销这个词在很久之前便出现在人们的视野中，经过一段时间的发展，如今分销已经成为很多零售企业开展营销的主要方式。分销渠道作为将产品或服务从生产者流向消费者所经过的整个通道，是企业与消费者之间的锁环。

分销渠道从根本上分为零级渠道和间接渠道。零级渠道就是生产商将产品直接提供给消费者，没有中间商环节，多用于大型设备、专用工具等需要提供专门服务的企业。零级分销去掉了产品流通的中间环节，缩短了中间过程，加快了产品的流转。此外，零级分销渠道使得产需双方可以直接沟通，企业按需生产，以更好地满足目标客户。

间接渠道是生产和销售相分离的分销渠道，生产商需要通过中间商环节进行销售，在一定程度上，使产品制造商和销售有了差异和距离。间接分销渠道的典型形式是：生产者——批发商——零售商——个人消费者，这一形式虽然使产品流转过程增多，时间延长，但却有利于产品的广泛分销。中间商就相当于生产者与消费者之间的调节器，调节生产与消费在时间、空间等方面的矛盾。

直接分销与间接分销，是分销最常见的两种形式。但如果企业要想在混战的分销系统中更加有序、高效地提升销量，就要根据经验进一步将分销渠道明细化，明确行销渠道的宽度。所以，分销渠道又可以分为广泛的分销渠道、有选择的分销渠道、独家分销渠道。

广泛分销渠道的核心便是尽可能多地使用中间商销售产品，让自身的产品随处可见，以便市场上现有消费者和潜在消费者可以随时随地购买自身产品。

有选择的分销渠道指在目标市场中选用少数符合自身产品特性以及经营目标的分销商销售产品，选择这类分销渠道的产品一般用途比较特殊，消费者具有针对性。

独家分销渠道是指在某一特定的市场区域中，选择一家分销商。这种独家分销渠道具有唯一性，不仅可以使企业对其精准掌控，更因为独有性而有利于提高产品价格，提升销售效率。

对于企业来说，分销这一营销渠道可以提高其对渠道的控制力，也可以使企业以点聚多的形式，快速打开市场，不易产生产品囤积现象。但需要注意的是，分销方式在中间商选择上有极大的风险，企业在选择中间商时一定要考察其市场能力，了解他们的经营状态，以免因选择不慎，失去某一地区的市场。

当下营销渠道越来越多元化，各个企业追求不同，但企业的最终目的是将产品销售出去。因此，企业要选择最佳的渠道组织形式，以现实企业的市场经营目标。网销、分销、会销是当下最常见的三种营销渠道，而最常见的往往是最难以从中实现销量提升的。所以，企业一定要瞄准三者中的制胜点，寻找到可以逆流而上的助推力，从而在营销市场中大放异彩。

四　执行：收人、收钱、收心

从现代商业角度来说，招商意义不再仅仅局限于企业以招募商户的形式推广自己的产品和服务，它更倾向于一种营销，一种汇集财富、破局资金困境的手段，一种塑造品牌形象、拓展市场的机会。

对于大部分企业来说，放开招商是有着扩大品牌影响力、增加利润、筹集资金、拓展营销渠道等诸多好处。但是，对招商的执行策略缺乏清晰的认知与把握，对相关过程也没有形成完善而缜密的思路。而消费升级时代下，顾客对个性化产品青睐度日渐上升，市场竞争越来越激烈，没有一套技术含量高的执行策略，又如何能借招商扩充企业实力，提升影响力，在竞争中脱颖而出呢？

◇打造招商硬件，汇聚人气

一个开放招商的企业，即便有着雄厚的实力背景，优秀的招商策略、规划，没有行之有效的执行策略方案也是不行的。而有效的策略，一定要适应当下经济环境才有"杀伤力"。这其中，最不可忽视的当属自身招商硬件的打造，这是保证方案终端发力，招商工作达到预期效果的基础。

对于任何时代的招商而言，如何快速"吸睛"，最大限度地吸引受众都是十分重要的问题，是关系到能够获得多少市场份额，是否能最大化获取品牌溢出价值的关键。总的说来离不开产品过硬、营销有力、团队高效、价格突出。

第一，优良的产品质量。

消费升级时代，面对纷繁杂芜的海量商品信息，消费越来越呈现返璞归真，反感噱头，追捧优质的趋势。销售额就是这一趋势下的人们"用脚投票"的最佳注解，而应对这一发展趋势，只有精益求精地打磨产品质量，才能吸引对企业品牌支持度、关注度较高的"忠实"顾客。

产品之所以好，一定立足于满足顾客需求的基础之上的。优质的产品，更是会以其满满的诚意与"人文关怀"，在企业和顾客之间建立起沟通和依赖的桥梁。一方面为企业、产品、品牌积累关注度、支持度高的忠实顾客，一方面促使顾客积极给予企业、产品发展的方向建议和真诚反馈，为产品和服务进行人为推广和自愿"站台"。

优质产品及服务本身是吸引顾客的核心点，是最应该关注的地方。因此，持续打造优质的核心产品，关注行业科技的创新与应用，关注生产的全流程，在把握产品质量的前提下，适当注入品牌理念，赋予消费者美的享受，才是引爆招商的不二法宝。

其次，高效的招商团队。

招商，可以说是企业开疆拓土的系统性工程，因此优秀人才与团队是决定招商质量的关键因素。在外界看来，招商团队最能代表企业的形象和水准。一支业务水准高、执行能力强的招商团队，不仅能够根据企业实际与目标愿景搭建招商策略体系，也能够发现企业招商工作中的漏洞和弊端，不断提升招商效率和质量。

高效的招商团队，具备同一内在共识目标、技能素养和价值体系，具有凝聚力和向心力。

对于人才，以符合企业招商策略、愿景为基础，挑选和培养人才，通过系统化培训，形成招商人才既对企业有着深入了解，又对市场和目标群体需求有着敏锐感知的职业素养。建立管理层级与人才梯队。形成招商相关事宜岗位负责制，促使招商团队能够时刻跟随、洞悉市场情势与发展趋势，能够利用经销政策和产品知识为目标群体提供高效专业的服务，吸引目标群体的聚集。

第三，优势突出的价格。

各价格阶段都有其受众。招商的一个重要执行策略就是突出的价格标签或者标语吸引目标群体，让顾客可以迅速接受信息，处于自身需求考虑选购。

对于寻求高性价比的目标群体。为相关产品、服务做招商时，向目标群体进行介绍时，把重点放在与同类产品相比的价格优势与相关配套上，也就是说，重点用"物美价廉"的标语进行宣传。

对于寻求高品质产品的目标群体。做招商时，尽量突出与同类型产品相比的质量优势。在招商过程中，对于"高质量需求"的目标群体，价格的高低在他决定是否购买产品时，并不起决定性因素，其更注重的是优质与品牌。所以商家可以抓住这一点，在销售自己产品时，从顾客关注侧重点入手，着力吸引目标群体的注意力。

第四，有力度的营销。

如今，为快速吸引目标群体，各种营销方式"八仙过海，各显神通"，各种新奇的形式、内容令人目不暇接、眼花缭乱。其中，互联网媒体的营销方式最为出位，原因就是以动态视频为主的营销宣传载体，比语言和文字有着更直接的视觉冲击和感染力。

除此之外，有力的营销还需要定好战略，形成整套的品牌名称、广告语和产品视觉表现重点，挖掘和培育主要营销渠道，在竞争激烈的同类型产品市场中寻找最契合企业优势竞争力的领域，投入足量的人力和资金确保成功。再加上突出自身品牌、产品特殊资源点，将其充分利用，发挥最大效能，更能一举打开市场并站稳脚跟。

招商忌讳"打铁自身不够硬"，吆喝再响也难以弥补"货不强"的缺陷。产品、价格策略、团队和营销要形成合力，才能提高招商成功率。招商需要打造一套优秀的执行硬件，练好"内功"，才能最快、最稳妥地达成目标。

◇ 用好限流效应，汇聚财富

人们往往较少感受平静水面的"美感"，更多地关注和喜爱其因强烈的流动性产生的美感。对于招商来说道理同样，平静的形式和方法往往难以引发关注，人为制造"障碍"与窄道、落差，才能更好地引发现金流的湍急流动。

限制流体宽度以达到促进流动速度这一原理，用于产品和服务销售，就是所谓"饥饿营销"。在此不得不提饥饿营销的创始品牌——苹果。iMac和iPod，当初在上市之前，保密工作做得非常到位，堪称铜墙铁壁，对新性能的期待吊足了"果粉"的胃口，但是唯一确定的消息是"缺货""买不到"，上市之后，销售额借此得以一飞冲天，饥饿营销被看做苹果一以贯之的市场运作技巧被反复讨论研究，而饥饿营销这种人为制造的稀缺性营销方式也成为苹果品牌的奠基石之一。

对于招商来说，饥饿营销的操作并不复杂，首先需要一个良好甚至被赋予极大期待的品牌形象，吸引潜在目标群体，然后提高准入门槛，以其形成筛选严格、质量过硬、招商火爆的大众印象，在招商运营期间，根据销售情况调整销售价格，以获取更高的利润。

但是，饥饿营销是有其前提的，那就是饥饿营销的成功离不开品牌，因此运作首先必须塑造产品的强势品牌号召力。如果品牌树立成功，那么在饥饿营销加持之下，可以使招商为企业带来更大的价值。

应该看到，饥饿营销是具有一定门槛要求的营销手段，只有市场认可度高的品牌、出色的被追捧的产品，才能借助饥饿营销实现更大的价值提升和飞跃。如果简单将其理解为"限量售卖"，盲目加以套用，不仅不会传播品牌，放大品牌及产品价值，反而会自降市场份额，形成品牌的市场挤出。

✧ 涵养品牌魅力，聚拢人气

说起运动品牌，人们第一印象会是耐克的"对勾"形象，说起汉堡，想到的一般是"金拱门"和"肯德基大叔"。现代商业社会是一个品牌的世界，品牌以其独有的价值形成了产品的区分和归类。招商也不例外。

对于招商，产品质量过硬，销售条件优越固然是重要的，但也同样离不开品牌认可的"点石成金"，如此才能让企业通过招商获得目标群体的信赖和追捧，在寻求合作伙伴、互利共赢的基础上，实现财富的暴增和长久繁荣。

招商成功，是目标群体对企业的认可，也是对企业文化和价值观的肯定。而企业的文化特质，往往与领导者自身的形象魅力气质息息相关。一方面，企业在漫长的在生产与运行、成长与演化过程中，一定有其领导者或勇毅或稳健，或激进或严谨的特质印记，这对企业来说，是形成内部文化的基础之一；另一方面，企业的商业价值、品牌定位、产品优势，往往完整地印刻了领导者的理想与心血，没人比他更了解，更有说服力。企业领导者的站台和推销，往往是最厉害的销售。

除此之外，招商要依靠品牌赢得人心，不可忽视的还有始终将顾客需求奉为圭臬的经营理念，这是形成品牌魅力，打造品牌招商合作共赢印象的基础。只有如此，才能真正获得目标群体的信任，实现参与者因品牌获利。

在秉承顾客为先理念的企业品牌中，迪士尼可以说做到了优秀甚至是卓越，游客对迪士尼的"品牌印象"是"无论多大年纪，都可以做个孩子"。迪士尼就是用童话般的世界提供欢乐、体验童年梦想、实现冒险和刺激体验来塑造"永远是孩子"的品牌魅力。如果迪士尼开放招商，在有条件的情况下，谁不愿意加入这一呵护梦想、制造欢乐的品牌呢？

可见，硬件优良、团队高效、品牌赢得人心是企业招商成功的必备条件，只有企业积极筹划，充分认识自身与所处环境，多维度考量各种因素条件，为自己度身打造包含"吸引人才、客户的机制文化，简洁、高效的招商运行模式，力度可观的宣传手段"的执行策略，才能持续地获取品牌升级、流量价值增长、合作意向群体扩大，甚至建立健康、可持续的闭环发展模式的诸多积极效果。

第八章

重塑利润：资源整合，再造奇迹

这个瞬息万变的时代，每个企业都在商海浪潮中奋力搏击以谋求突破、转型、发展，而这一切的努力与尝试，最终都是以利润为呈现形式，成为企业扬帆远航、乘风破浪的压舱石。而5G浪潮将至，数字经济增加值更是以万亿级的规模打造了新一轮机会风口。

激发新业态、新应用的利润涌出，离不开利润思维的升级与重塑，而与此同时，以充裕活跃的现金流、资本与资本市场的支持、合理配置资源的整合思维等等更是重中之重。企业的稳健发展依托于良好的利润收益，从主要方面入手重塑利润，才能再造发展奇迹。

一 利润不是钱，现金流才是

关于企业现金流的描述，清代红顶商人胡雪岩有个"坛子和盖子"说法很贴切，叫"以小博大，十万银子作百万的生意，八个坛子七个盖，盖来盖去不穿帮就是会做生意"。这话放在现如今也仍然具有一定启发意义，企业运营的基本盘就是"八个坛子"，"七个盖"就是现金流。对于企业的众多坛子，盖子太多浪费，太少盖不住基本盘，用刚好够的七个盖子，才能充分攫取资金的最大价值。

其实，现金流和利润对企业的生存和发展有着不同方面的重要意义。打个比方，如果把企业看作一个生命体，现金流就是机体赖以维生的氧气，起着维持运转、保证生存的作用；利润则是企业积攒的脂肪，有着抵御风险、保障发展的功能。而对于企业家来说，现金流却远比利润关键，毕竟没有脂肪积累，还可以撑一段时间，而停止氧气吸入，就立时要面临生死存亡的危机了。

◇ 报表数字与真金白银

理解两个概念，先了解各自的本源。企业的会计核算分为两种，权责发生制和收付实现制。权责发生制，指自权力、责任义务发生之时（一般是签订合同）算起，利润"理论上"就产生了，能够"反映企业一定时期的经营成果"，说白了，不管钱有没有到账，利润是有了一个确定的数字。而收付实现制，是只有在账款达到自己或者客户银行账户里，才能成为企业财务会计核算的对象，也就是，装进了口袋的真金白银，才是其进行会计核算的内容。

"报表数字"利润与"真金白银"现金流既有联系又有区别。

有一个创业的年轻人，在四线城市做食品经营生意。由于极具吃苦耐劳的品质，加上敏锐精明的生意头脑，在几年的经营之后，他的食品公司在当地形成了一定的实体经营规模，年利润稳居 80 万元以上，积累下了可观的利润财富。但是，也许是年轻，容易盲目、冲动，也许是被良好的盈利形势冲昏头脑，急于追求扩张事业版图，这个年轻人一次性租下了多个地理位置优越的热门店面，不仅交了近百万的转让费与租金，为支付采购货款、增添配置与人员，数年积蓄也倾囊而尽。从扩张规模看来，来年的利润一定是有可观增长的。

但此时，现金流迅速恶化的问题渐渐出现了，采购成本、房租水电、员工工资开始出现周转困难，公司开始靠着每天的现金流水勉强维持。等到现金流减少问题不容忽视的时候，资金缺口已达到 50 万元，而且还在迅速扩大。虽然这些债务对于他公司至少 80 万元的年利润来说并不是难以解决的困难，但供货商、员工、房东可不会答应用这种"前方的梅林"来解决眼前之渴，没钱就不会提供维持运转的必备条件，年轻人因此面临公司关张的后果，辛苦拼下的事业也岌岌可危。这就是利润与现金流存在突出矛盾的典型事例。

按照理论来说，利润是企业的追求，没有利润的企业是难以为继的，发展与扩张更是无稽之谈。但事实是，很多著名的公司依靠现金流，在不盈利的情况下仍然生机盎然。

2018年，京东首次实现盈利一亿多元，在此之前利润一直为负。

2018年，美团亏损超过百亿元。

2019年，快手净亏损近二百亿元。

这些或长期、或金额巨大的亏损，并没有阻碍这些大公司的发展和成长，什么给了他们这种无盈利或微盈利下稳定前进的底气呢？现金流。

京东经营性现金流量表现一直坚挺，除了2015年为较小负数，历年均为正数，2018年末账面现金逾三百亿元。

同样，2018年底，美团账面现金及现金等价物、短期投资合计近六百亿元。

快手在2019年的经营性现金流量净额也较为可观，2020年账面现金甚至达到了两百三十多亿元。

可见，现金流不止掌握小公司的生死大权，著名的大企业一样难逃其魔咒，很多销声匿迹的大公司，并非不盈利的，现金流断裂、"账面没钱"却能导致其轰然倒塌。相反，如果有充裕的现金流作为支撑，公司完全可以在无利润的情况下发展迅速。所以，相对于利润，现金流才是一个企业的命脉。

◇ 追求收益，还是控制风险

对于企业，从回归本源的角度来说，利润和现金流是同样重要的。在没有过多的应收账款、不确定收入、积压库存等等侵占现金流的情况下，优秀企业的利润和现金一定是平衡、充实而稳定的，不会存在比较与取舍。但是如此理想化的经营状态是极少存在的，利润和现金流就需要呈现优先次序，被合理地调配。

但是，当人们谈论利润和现金流时，往往并不仅限于两个概念本身的内涵，本质上更倾向于是对企业生存发展中的两个重要命题的探讨：追求利润以增加收益，还是"现金为王"控制风险？

企业在扩张和发展过程中，谋求利润的增加一定离不开先期投入，如果因此导致了现金流出现问题，说明一定是投融资、成本控制、应收账款等某一方面的风险管理出现了漏洞。对于这些危及现金流的困难，堵上管理漏洞是必要的，但是当务之急还是千方百计增加借贷、减少应收账款和加速库存商品变现，通过止血、输血、造血，避免企业的解体和生命体的死亡。

如同氧气摄入之于生命体，现金流对于企业可谓性命攸关却又脆弱不堪，尤其在全球经济环境发展前景晦涩不明的阶段，如遭遇经济萧条、金融危机、"灰天鹅"突发事件时，现金为王、管控规避风险的重要性更是不言而喻。2020 年，熬过了全球性的新冠疫情寒冬的企业，一定是具备良好的风险管理措施预案，具备充足现金流的，而不是利润报表数字漂亮，账面现金却捉襟见肘的那些。

风险与收益是并存的，高收益往往伴随着高风险，但是，也应看到它们并不呈正相关性，高风险不一定会带来高收益。因此在追求利润收益的过程中，做好风险防控是非常重要的。

✧ 重塑利润，自我增值

为什么企业没有利润可以存活，没有现金流则很难活下来？因为利润是在会计准则下计算出来的，不可避免地受到会计计算口径、处理方法的影响，相比较来说"先天"地有着更多的理论属性。现金流则是实打实的真金白银，无从"操作"，难以掺杂虚假，相比较来说具备更多的真实性。但是，重塑一个企业的利润，形成健康、有活力的生命体，两个方面都是不能忽视的所在，双管齐下，才能更好地实现企业的自我增值。

对于利润，以包子铺为例。筹备一间新开张的包子铺，除了采购成本、房租水电和员工工资，成本最高也是对利润影响最大的支出，就是蒸箱、笼屉等各式厨具和装潢、桌椅的花费，在企业，它们被称为"固定资产"。

对于固定资产的核算，不同的计算方法会对利润产生着不同的影响。生产过程对其磨损较小的固定资产，一般用直线法折旧；而对于笼屉和蒸箱这种每天高频率经受高温"洗礼考验"的，就可以采用双倍余额递减法折旧，折旧速度不一样，金额自然有很大差距。同样的成本和收入，直线法折旧下的利润也许尚可接受，双倍余额递减法下的利润就成了令人咋舌的负数。因此，会计计算口径与核算方法，是应该被科学考量和慎重选择的，对利润的影响，也不容忽视。

除了固定资产，成本、应收账款、投融资管理也是重点。如果包子铺为了提升自身"格调"，采购高价菜，使得成本居高不下；或者为了获得漂亮的销售收入数额，大搞赊销；或者为了扩大规模，举借高利贷款另开新店；或者内部人员管理松散，令顾客愤愤不满等等，每一方面都是直接影响包子铺收入和利润的因素。

利润表由于人为因素较大，难免产生不当调整和错误，甚至"粉饰"，因此除了运营中的措施，也要关注核算利润表的细节与操作流程。重点有：收入是否提前确认、是否将赊销或者关联销售列入以虚增收入和利润；是否少计成本、费用和折旧等等。不检视利润的诞生流程，盲目将其作为企业发展施策的依据，是极其危险的。

对企业管理来说，重塑利润就是从上述这些方面入手，检视和弥补漏洞的过程。通过一系列有效措施，加强应收账款的管理控制、筹集资金的自身评估和合理有序扩张规模，练好发展内功。

对于现金流，也需要理解其运行规律才能采取有效的借鉴。以成规模的销售平台、大型商超为例，这些大的零售经销商常常以低廉的售价进行促销，在大众眼中，它们的利润来源是低进价和高销量，俗称"薄利多销"。可事实并非如此，零售巨头挣的是现金流，通过延长给上游供应商付款期这一资本运作获得时间价值。

假如一个大型商超年销售收入 100 亿元，账期两个月，那么这两个月里，它可以以 100 亿元的销售额获取至少 10 亿元的现金流，用于发展新业务、其他投资等等，收益也许超过主业营收利润，这就是掌握现金流的优势。

但是，要获取由延期付款、账期优惠产生的现金流也存在较大的条件限制。首先，企业需要具备稳定的、有一定规模的品牌影响力和渠道分销能力，使供应商能够接受一定的账期延迟；其次，专心于主业始终是较为长久的发展策略，对于行业差距大、账款回转周期长、不甚了解的跨行业扩张，始终谨慎涉猎为宜。

总之，利润固然是企业发展最应该追求和看重的东西，但是现金流的重要性远大于利润。现金流在某种程度上来源于利润，但是相比利润更加具备"钱"的属性和资格。衡量一个企业的发展质量和扩张潜力，看利润质量的同时更要关注利润能产生多少现金流。对企业来说，现金流比利润更有意义，更应该关注。

二　借势资本，企业盈利能力递增

面临危机下的机遇与挑战，企业如何快速突围市场困境、实现企业转型，做大做强？

面临着行业竞争愈演愈烈，企业如何获得创新红利，率先跳出价格战的泥潭？

面临着产品创新优势萎缩，企业如何通过股权的重塑获得先动优势，增强企业盈利能力？

这一切的答案，都与资本的支持有着紧密的联系。

◇借势资本，顺风而上

资本市场是助力企业成长的场所，也是整合资源、优化资源配置的场所。

如果说发展中的企业是一棵成长中的小树，那么资本市场就是小树脚下的一片沃土。在这片沃土下小树能获得更充足的养分，更茁壮地成长。

所以说，通过借势资本，企业更容易做大做强。

借势资本，能降低资金成本，从而降低财务风险。一直以来，企业都面临着融资难的问题：银行贷款审批慢、资料多、金额小，附加条件多；企业债券流通率低，受众面小；社会融资体系利息高。可以说，融资问题束缚了企业发展的手脚，使得不少企业错失了抓住转型升级或业务扩大的发展良机。

在此情况下，资本市场的发展和完善为企业融资带来了新的解决方式。当企业顺利进入资本市场，可以吸引更多的投资者进来，以债券换股权，不再以利息形式获利，而是以企业市值所带来的收益实现获利。这样，企业既获得了资金，还改善了企业的资本结构，降低了财务风险。

借势资本，能规范公司治理结构，降低决策风险。资本的介入优化了企业的股权结构和治理结构。在企业经营决策过程中，不再是企业创始人或创始团队的"一言堂"，投资者也可以利用丰富的投资经验为企业运营建言献策。这种多方共同参与决策的机制，规避了风险，使企业运作更为规范。

借势资本，能帮助企业更好地整合资源，扩大市场。大多数投资机构都具有广泛的社会资源。投资者在投资某个企业后，就和企业形成了利益共同体，一荣俱荣，一损俱损。所以投资者为了共同的利益，会尽全力帮助企业的发展。

例如，熟悉国家优惠政策的投资者可以帮企业申请政府扶持资金、申报高新技术企业等；有大企业合作资源的投资者可以为企业介绍客户，推动企业之间的合作共赢。

进入资本市场的企业就像是一个迈进新的朋友圈的人，在这里，企业获得的不只是钱，更是"路子"和"资源"。在资本的驱动下，这些钱、路子和资源都成为企业发展路上的"良师益友"。

✧ 壳资源背后的蜜糖与毒药

资本市场对企业来说意味着更多的人脉资源和物质资源，然而想要进入资本市场绝非易事。

企业上市的常规路径是首次公开募股，即 IPO，但 IPO 不但审核严格，门槛较高，还费时日久。

那些处于成长期或转型期的企业面临的很多问题都是钱的问题。正所谓，一分钱难倒英雄汉，在这市场急速发展的当下，融资速度的快慢在一定程度上决定了企业的生死。那么，如何才能实现快速融资呢？不少企业都将目光投向了另一条捷径——借壳上市。

借壳上市，就是企业通过持有某一上市公司一定比例的股份掌握该公司的控股权，这个上市公司就是所谓的壳公司，之后再进行资产重组，把自己公司的资产与业务注入壳公司。这样，企业就可以绕开 IPO 申请阶段，避开 IPO 对企业的严格审核和对产业政策的相关要求，直接获得上市资格。因为借壳上市绕开了 IPO 的流程，也就大大缩短了企业进入资本市场的时间。

壳公司，在很大程度上来讲，就是上市公司在参与资本游戏的过程中，阵亡或是濒临死亡的"尸体"，本身是不具有复活的能力和价值的。但在证券市场利益博弈的共同作用下，壳公司却扮演着资本市场中最为玄幻的角色。

而随着壳上市限制的加大，优质的壳资源越发稀缺，所以，企业在选择壳资源的时候，一定要仔细甄选，规避风险。一般情况下，优质的壳资源往往是处于夕阳行业，主营业务增长较为缓慢，盈利少或者是不盈利，甚至处于亏损状态。这种壳资源是可以以合理的价格收购的。

那么企业选择壳资源的时候，应该注意哪些问题呢？

第一，考虑市值的大小。

壳公司的市值大小是评价壳是否优质的首要标准。对于借壳方来说，最大的成本是借壳后权益被原有上市公司摊薄。借壳上市与 IPO 的不同之处就是，借壳上市的股比摊薄是无偿的，换言之，就是企业为了获取上市资格对壳公司原有股东进行利益让渡。

借壳方重组后的股权比例主要取决于估值大小和上市公司市值。壳公司市值越小，重组后借壳方的股东占比就越高，上市之后所分享的市值也就越多，股权融资的空间也相对来说大一些。

第二，考虑股本大小。

在确定了壳公司的市值之后，股本越小、股价越高越好。尽管重组后，从股比和估值的角度看，并无太大实质性影响。但在很大程度上，小股本意味着重组后每股收益高，极易得到股东及监管的认可。

此外，股本大小也对后续资本的运作空间起到了一定的决定性作用。小股本每股的收益与后续经营压力成反比，即收益越高，经营压力就会越小；与后续发股融资空间成正比，即收益越高，融资空间就会越大。

第三，考虑资产质量。

企业资产质量包含企业知名度、人力资源、技术含量以及主营业务利润比重。企业之所以选择借壳，主要是因为看中了壳公司的上市公司资格，而非壳公司的有形资产。当企业收购了壳公司之后，一般都会出售变现壳公司资产。因此，企业在选择的时候，可以优先考虑资产质量一般、专业化程度不高的壳资源，其资产变现相对容易。

另外，企业需要注意的是，选择壳公司时，股权结构越单一越好，便于企业对其进行收购控股。

在借壳上市的过程中，企业必须要遵循法律法规，避免因违规操作带来暂停上市，甚至是法律惩处的后果。

◇寄望未来，实现盈利

进入资本市场之后，企业便会发现，企业所调动的资金和资源更多了，之前一个企业无法实现的事情，现在却可以依靠资本市场实现。可以说，诸多企业的转型改革，以及改革带来的盈利点，很多都是在资本的支持下催生的。

一直给人们留下"不差钱，不上市"低调印象的顺丰在 2017 年年初上市。在这之前，随着菜鸟联盟的成立，加上其他电商平台自建物流逐渐向大市场渗透，顺丰面临着越来越大的竞争压力。除此之外，顺丰也面临着行业环境变化所带来的压力。据统计，快递行业的毛利率已从 2007 年约30% 的水平下滑至目前 5%~10% 的水平。

除了利润的下滑，终端基础设施、运转中心建设的巨额投入，人工成本逐渐攀升都是快递行业面临的问题。解决这些问题都需要大量的资金，随着快递行业逐渐进入兼并整合期，谁可以最先获得融资，谁就有机会领跑在前面，进而寻找新的盈利点，占领更大的市场份额。可以说，顺丰之所以选择借壳上市，便是为了更快获得更多的资金，来支撑业务的发展和升级。

上市之后的顺丰有了更雄厚的资金支持，加快了在商业版图上的布局，不断在盈利模式上尝试新的探索。为了占领物流领域的"最后一公里"，顺丰继丰巢智能快递柜之后，还不断提高精准定位能力和即时配送能力，挖掘城市配送、即时配送、智能快递柜、人工代收和县域农村物流配送这个万亿级市场。

除了布局物流的"最后一公里"，顺丰也一直在零售领域寻找突破口。2017 年，顺丰推出"丰 e 足食"，高调宣布进军办公室无人货地领域。随着新零售浪潮的来临，京东、饿了么、盒马鲜生相继进入市场。顺丰的优势在于完善的供应链、仓储、物流配送系统。截至 2020 年年末，顺丰业务覆盖全国 335 个地级市、2847 个县区级城市，有近 19000 个自营网点。顺丰高度覆盖的服务网络契合了无人货架对网点密度和规模效应的需要，也是对现有物流配送系统的充分利用，对增加盈利点的全新探索。

行者无疆，融通有道。企业只有拥抱资本，实现资本和产业的联姻才能在资本的保障下进行大刀阔斧的改革。企业只有利用资本，寻找更好的盈利点，才能在风云诡谲的市场环境中稳步前行。

三 1+1+1=111 模式

商业模式的创新与应用是一个企业长久发展的必经之路。最新的商业模式不一定就是最好的，选择一个最适合企业自身发展的商业模式才是有效选择。

如今的商业时代，是一个急速变化的时代，商业模式之间的竞争已经成为企业之间竞争的最有效手段，如何选取商业模式，是每一个企业都在思考的问题。"1+1+1=111 模式"将为企业提供商业模式的选择方向，帮助企业作出有效抉择。

✧ 1+1+1=111 模式，适合自己的才是最好的

利润并不一定都依靠着主体业务来获取，也能够依靠附加业务来实现盈利，实现"1+1+1=111"的效果。

作为国内最大的网约车平台，滴滴出行（以下简称"滴滴"）从亏损到实现盈利整整用了七年时间，亏损金额高达 500 亿元，而更让人意想不

到的是，直至 2020 年，其网约车主营业务也才实现盈利。亏损多年，仍能够维持运营状态，那滴滴靠的是什么呢？

既然主营业务无法维持盈利，那就要考虑滴滴还做了什么其他业务。除了网约车这一基础业务，滴滴目前所涉及的业务有顺风车、代驾、租车买车、公交地铁、路况、车生活、橙心优选、滴滴果园、走路赚钱、保险、广告业务等一系列不同类型的业务。从这些业务中可以看到，滴滴的业务遍及出行、购物与广告，是一个综合类型的平台。

一个 App，能够实现多种业务的满足，对于消费者而言，在选择滴滴打车的同时，很有可能就通过滴滴平台进行购物、导航、找代驾，减少了下载其他 App 的麻烦，还十分便捷。最主要的是，滴滴通过一个 App，打造多个业务功能，拓展业务功能的同时实现盈利，是对"1+1+1=111 模式"的诠释。

由此可以看出，打造"1+1+1=111 模式"是企业在这个竞争激烈、新生事物频出的时代脱颖而出的一大优势。

打造"1+1+1=111 模式"，要从以两个层面入手：

一、明晰什么是"1+1+1=111 模式"。

简单理解，所谓"1+1+1=111 模式"，一是通过一个东西，卖给十个人，二是通过把不同的产品卖给同一个人，三是企业要么卖产品、卖市场机会、卖商业机会、要么卖渠道、卖模式。滴滴的做法就是通过一个 APP，锁定每一个用户，为其提供不同种类的服务，即把不同的产品卖给同一个人，同时没有引起用户的反感，反而获得用户的青睐。

二、找到适合自己"1+1+1=111 模式"。

一千个人眼中就有一千个哈姆雷特，同理，"1+1+1=111 模式"也一样，对于不同的企业而言，需要根据企业自身发展从中找到适合自己的利润裂变模式。如，雀巢咖啡为了让胶囊咖啡获得市场青睐，采取售卖质优价廉的咖啡机，使得用户能够很轻易地买到一个专属于自己的咖啡机，一旦用户购买了咖啡机，用户就会将目光自然而然地转向胶囊咖啡。一是出于用户不能让咖啡机闲置的心理，二是本身咖啡胶囊也不贵，由此带来的结果是，咖啡胶囊业绩一路飙升，所赚取的利润早已换回了所付出的成本。雀巢没有选择增加产品的种类，而是通过产品的其他配套产品换取利润，这就是找到了适合自己的模式。

"1+1+1=111 模式"，绝不是照抄照搬，企业应针对自身发展状态制定属于自己的模式。命运是掌握在自己手中的，方法有了，如何利用方法应用到自身发展，还需要进一步推敲。

◇ "1+1+1=111 模式"，增强持续服务能力

以往的商业经营中，企业往往在产品交易成功时结束对用户的所有服务。随着市场与消费者的不断变化，消费者对服务体验越来越重视，不仅在消费的当下注重购买体验，在售后也十分注重服务。

因此，现在和未来的商业变化，一定是趋向消费者的。企业要尽早转变有产品不愁卖的观念，着重关注消费者体验，加深与消费者的持久关系，为消费者终身服务，这也是"1+1+1=111 模式"的另一种方向。

这就像是在装修时，一个常规家庭的涂料使用寿命大概十年，此时作为售卖涂料的商家，向用户承诺了十年的质保，在这十年当中，涂料出现任何问题都能够上门维护，只收成本。如此一来，商家与消费者就建立起了长久的关系，在售后过程中，除了修缮墙面，商家还能够为其科普墙面维护知识，如定期做甲醛测试、做清洁，长此以往，你所付出的维修成本就收回来了，并且还增加了其他业务往来，这就是持续服务。

除此之外，在对其进行长久的售后服务时，消费者就会将你推荐给他的朋友，此时商家的用户就会产生裂变，增加了需求用户，带来更多的资源。更多的用户被整合过来之后，商家就能以此为契机扩大服务范围，即便没有涂料的需求，也可能有其他软装的需求，从而拓展了商家经营范围，增加资源共享渠道。

这个例子就很好的证明了，未来的商业模式一定是趋向消费者的，因为收入永远来自消费者。以苹果为例，苹果的收入来自用户是必然的，而这只是苹果得以发展的第一步。而苹果之所以能够源源不断地获取收入并赢得消费者喜爱，与其深度挖掘消费者需求、增强消费者服务密切相关。

苹果手机以其品质好、耐用出名，但消费者购买一个手机使用两三年，就会造成这期间的收入是无法保障的。为持续性服务用户，苹果不断从用户身上挖掘更多的价值。一方面，苹果除了推出手机，还推出苹果电脑、iPad、iwatch，以此做产品的延伸，从各个方面进入消费者的生活，让消费者离不开他。到此，苹果的持续服务并没有结束，苹果为保证消费者能够成为其长久的忠实用户，对苹果的各个产品不断升级创新，让消费者感受到苹果产品的变化，并参与其中，增强消费者的信赖感，以此获取用户的终身价值，从而实现1+1+1=111。

通过这两个例子，不难看出持续服务对企业发展的重要性，因此，增强持续性服务能力，是实现1+1+1=111的有效路径。

5G时代加速企业变革，如何在竞争激烈的5G时代得以突围，是每个企业的头号战略问题。商业在变革，万物在融合，企业如何通过重塑商业模式找到突破口，这是各个行业和各个企业在未来不得不面对的棘手问题。

　　企业应该正视危机，拒绝停滞不前，积极思考转型升级。作为企业至关重要的成长要素，商业模式必须得到企业的重视。在未来，企业掌握了重塑商业模式的路径，也就获得了企业高速发展、赢取利润的密码。